NOUVEAU

MANUEL DE L'ÉLECTEUR.

Imprimerie de BEAU, à Saint-Germain-en-Laye.

NOUVEAU
MANUEL DE L'ÉLECTEUR.

EXPOSITION MÉTHODIQUE

DE LA LÉGISLATION ÉLECTORALE,

comprenant le résumé de la Doctrine et de la Jurisprudence,

Concernant :

1° *La capacité électorale ;*
2° *Les contributions diverses composant le cens électoral ;*
3° *Le domicile politique ;*
4° *Les délégations de contributions ;*
5° *Les listes électorales ;*
6° *Les réclamations contre les listes et le mode à suivre pour leur présentation ;*
7° *Les recours devant les cours royales contre les décisions des préfets ;*
8° *Les opérations des colléges électoraux.*

SUIVI D'UN APPENDICE

Renfermant : 1° le texte de la loi du 19 avril 1831 ; 2° le tarif de l'impôt des portes et fenêtres ; 3° un formulaire des actes auxquels peut donner lieu l'exercice du droit électoral.

PAR M. A. METZINGER,

AVOCAT A LA COUR ROYALE DE PARIS.

PARIS

Au Bureau de la Collection des Lois nouvelles annotées,

11, RUE DES MAÇONS-SORBONNE.

1845

AVANT-PROPOS.

Le but de ce livre est l'utilité pratique ; je me suis efforcé d'y atteindre par la méthode, par la concision et surtout par la clarté.

Les curiosités historiques, les discussions de la science n'ont pas de place ici. Adressé à tous, ce livre devait être simple pour être utile à tous. J'ai voulu que les personnes les plus étrangères à la science du droit pussent y trouver des indications faciles à saisir et surtout faciles à suivre.

Une partie de l'ouvrage a notablement préoccupé mon attention, celle qui concerne les réclamations contre la teneur des listes électorales. Je me suis appliqué à éclairer cette matière de toutes les lumières fournies par la jurisprudence et par la pratique. Un appendice placé à la fin du livre renferme à cet égard des documents que je crois utiles.

Je n'ai pas à parler davantage de ce petit livre. Je n'entends ni le louer ni le décrier : j'ai voulu seulement exposer son but, le public sera juge de sa valeur.

NOUVEAU

MANUEL DE L'ÉLECTEUR.

OBSERVATION PRÉLIMINAIRE.

Division.

1. La loi détermine les conditions de la capacité électorale ;

Elle règle le mode suivant lequel cette capacité est constatée ;

Elle remet aux mains des citoyens les moyens de défendre et de faire proclamer leur droit électoral.

Ce droit, une fois reconnu, la loi pose les règles de son exercice.

Cette division correspond aux dispositions qui régissent :

1° *La capacité électorale ;*

2° *Les listes électorales ;*

3° *Les voies de recours contre les listes ;*

4° *L'exercice du droit dans le collége électoral.*

Nous suivrons cette division ; chacun de ces quatre points principaux sera exposé successivement sous un titre particulier qui sera lui-même, dans l'intérêt de la clarté, subdivisé en chapitres et en paragraphes. Un appendice placé à la fin du volume contient : 1° Le texte de la loi du 19 avril 1831; 2° un recueil de formules de réclamations et d'actes; 3° le tarif des portes et fenêtres, d'après la loi du 21 avril 1832.

Titre Premier.

DE LA CAPACITÉ ÉLECTORALE.

SOMMAIRE.

CHAPITRE I. De la qualité de Français. Des droits civils et politiques. — II. Des contributions conférant le cens électoral. — III. Du point de départ du paiement de l'impôt et de la possession. — IV. Des personnes auxquelles chaque contribution doit être comptée. — V. Personnes qui profitent des contributions d'autrui. — VI. Du partage des impôts entre associés. — VII. Du domicile politique. — VIII. Exceptions aux conditions du cens à 200 francs.

2. Tout Français jouissant des droits civils et politiques, âgé de 25 ans accomplis, et payant 200 francs de contributions directes, est électeur s'il remplit, d'ailleurs, les autres conditions fixées par la présente loi. (L. du 19 avril 1811, art. 1.)

La capacité électorale est attachée par la loi :

1° Au paiement légal d'une somme de 200 francs à titre de contribution directe;

2° A la qualité de la personne.

Dans tous les cas le droit électoral, droit politique par excellence, ne peut appartenir qu'au Français jouissant de ses droits civils et politiques.

Nous avons donc à rechercher :

1° Les conditions requises pour la qualité de Français, et pour l'exercice des droits politiques ;

2° Les contributions conférant le cens électoral. Plusieurs solutions importantes viendront se grouper autour de ce point intéressant, et feront l'objet de chapitres distincts ;

3° Les personnes favorisées du droit électoral par exception au taux légal du cens.

CHAPITRE I.

DE LA QUALITÉ DE FRANÇAIS ET DES DROITS CIVILS ET POLITIQUES.

SOMMAIRE.

§ Ier De la qualité de Français. — § II. Des droits civils et politiques.

Un lien intime attache les droits civils et politiques à la qualité de Français. Ils peuvent cependant en être detachés.

§ I. *De la qualité de Français.*

3. Est Français :

1° Tout individu né de parents français, soit en France, soit à l'étranger ;

2° Celui qui, né en France d'un étranger, a réclamé la qualité de Français dans les conditions de l'article 9 du Code civil;

3° L'étranger naturalisé;

4° L'individu né sur une partie du territoire français, détachée de la France par les traités, et qui s'est conformé d'ailleurs aux conditions spéciales prescrites par la loi. (*V.* L. 17 février 1814).

Les articles 17, 18 et 19 du Code civil déterminent les cas dans lesquels la qualité de Français peut être perdue.

§ II. *Des droits civils et politiques.*

4. Les droits civils sont ceux qui dérivent des lois civiles, communes à tous les Français.

Les droits politiques résultent des lois constitutionnelles de l'État : ils consistent dans le droit de vote et d'éligibilité, et dans l'habileté à être nommé aux fonctions publiques.

Les premiers sont communs à tous les Français; les autres sont propres aux *citoyens* français. La jouissance des droits politiques comprend donc la jouissance des droits civils, mais sans réciprocité.

4 *bis*. Tout Français naît habile au droit de cité; mais l'exercice des droits de citoyen

qu'il tient de sa naissance, peut être suspendu ou perdu.

Il est suspendu à l'égard : 1° Du débiteur failli, jusqu'à sa réhabilitation ;

2° De l'héritier immédiat, détenteur, à titre gratuit, de la succession d'un failli ;

3° Des domestiques à gages attachés au service de la personne ou du ménage ;

4° Des interdits ;

5° Des accusés et des contumaces. (Constit. de l'an VIII, art. 5.)

6° Par l'effet de certaines condamnations correctionnelles. (42. C. pén.)

Il est perdu : 1° Par la naturalisation en pays étrangers.

2° Par l'acceptation de fonctions ou de pensions offertes par un gouvernement étranger. (Constit. de l'an VIII.)

3° Par la condamnation à des peines infamantes (C. pén., art. 28 et 29.)

CHAPITRE II.

DES CONTRIBUTIONS CONFÉRANT LE CENS ÉLECTORAL.

SOMMAIRE.

§ I. Contribution foncière. — II. Contribution personnelle et mobilière. — III. Contribution des portes et fenêtres. — IV. Redevances des mines. —§ V. Contribution des patentes. — § VI. Suppléments d'impôts.

5. Les contributions directes entrent seu-

les dans la composition du cens électoral.

L'art. 4 de la loi de 1831 distingue : 1° La contribution foncière;

2° Les contributions personnelle et mobilière;

3° La contribution des portes et fenêtres;

4° Les redevances fixes et proportionnelles des mines;

5° L'impôt des patentes;

6° Les suppléments d'impôts dits centimes additionnels.

6. Mais cette énumération n'est pas rigoureusement limitative. La jurisprudence, conforme à l'esprit qui a présidé à la discussion de la loi au sein des chambres, a considéré comme éléments du cens électoral certaines contributions omises dans l'énumération de la loi, mais qu'elle a jugées comprises dans sa pensée. Elles feront l'objet d'un paragraphe séparé.

7. Il importe, en effet, de remarquer tout d'abord que dans l'esprit de notre organisation politique, la capacité électorale est une faveur de la loi : or, il est de principe en droit que les dispositions favorables doivent être étendues plutôt que restreintes. De là cette conséquence que le doute, dans cette matière, doit être résolu en faveur de la capacité électorale. (Bordeaux, 10 septembre 1829.)

8. Nous ferons observer en outre que le

paiement d'une somme de 200 francs de contributions directes ne suffit pas à lui seul pour conférer le droit électoral. La loi détermine les époques diverses à partir desquelles chacune de ces contributions doit être supportée pour attribuer le droit. Ce point intéressant, qui comprend les questions de possession, sera examiné dans un chapitre spécial. (*V.* chap. III, pag. 20.)

Nous chercherons aussi quelles personnes peuvent se prévaloir, pour l'établissement du cens électoral, du montant des diverses contributions désignées par la loi. Nous serons amené ainsi à examiner, en outre, ce qui concerne les délégations de contribution, et leur partage entre cohéritiers, copropriétaires et coassociés. (*V.* chap. IV).

Nous exposerons, enfin, dans un dernier chapitre, les dispositions de la loi qui règlent le domicile politique. (*V.* chap. V).

§ I. *Contribution foncière.*

9. La contribution foncière est celle qui frappe la propriété des immeubles[1].

Le montant en est voté chaque année, puis réparti[2] entre les départements. Le rôle

[1] Les impôts payés dans les colonies ne comptent pas pour la formation du cens électoral. (Ord. 30 décembre 1833.)

[2] On distingue deux sortes d'impôts, les impôts

de cette contribution, rédigé conformément aux votes des différents conseils généraux et d'arrondissements, et d'après un travail annuel, fixe le chiffre à la charge de chaque propriétaire.

10. Tous les immeubles ne sont pas grevés de l'impôt foncier. Deux classes d'immeubles sont à distinguer à cet égard.

1° Immeubles exemptés absolument;

2° Immeubles exemptés temporairement.

Première classe. Les immeubles appartenant à l'État ou au domaine de la Couronne;

Les immeubles appartenant à l'État et non productifs de revenus.

Deuxième classe. Les immeubles inhabités pour reconstruction, pendant le temps de la réédification;

Les immeubles édifiés de nouveau ou re-

de *répartition* et les impôts de *quotité*. Le chiffre des uns est fixé chaque année par les chambres et réparti pour une somme déterminée entre les départements, constitués ainsi débiteurs envers l'État. Les autres sont dus, non plus par telle ou telle *circonscription* territoriale, mais par toute *personne* placée dans les conditions de la loi fiscale.

De ces différences il résulte que le produit de l'impôt de répartition est nécessairement, *déterminé*, tandis que celui de l'impôt de quotité est *indéterminé*.

construits, pendant deux années, à partir de l'achèvement.

La taxe ne peut être augmentée à l'égard :

1° Des terres vagues depuis quinze ans, puis remises en culture, pendant les dix premières années ;

2° Des terres en friche depuis dix ans, et plantées de bois, pendant trente ans ;

3° Des terres vaines et vagues depuis quinze ans, et plantées en vignes, mûriers ou autres arbres fruitiers, pendant les vingt premières années ;

4° Des marais desséchés. La taxe ne peut être augmentée pendant les vingt-cinq années qui suivent le desséchement (L. 3 fr. an VII, art. 3);

5° Des semis sur les dunes, pendant vingt ans.

Les terres en culture et plantées ou semées en bois, ne sont évaluées, pendant les trente premières années, qu'au quart des terres de même valeur, non plantées.

11. Mais l'exemption temporaire de l'impôt foncier laisse au propriétaire le droit de se prévaloir, pour l'établissement du cens électoral, de l'impôt dont ces immeubles sont exemptés. Il peut, à cet effet, les faire expertiser à ses frais, contradictoirement avec le préfet, ou ses agents spéciaux. (L. 19 avril 1831, art. 14.)

On comprend, en effet, que la capacité électorale ayant pour base l'impôt, et l'impôt lui-même ayant pour mesure le revenu des citoyens, la capacité électorale ne puisse être refusée là où se trouve le revenu suffisant.

12. Ce n'est pas à dire cependant que l'élévation du revenu doive amener toujours l'élévation de l'impôt. Il a été jugé qu'un propriétaire ne pouvait invoquer la plus-value résultant d'une amélioration de son immeuble pour faire entrer dans son cens un impôt plus élevé. (Nancy, 13 octobre 1837.)

Mais on doit entendre cette décision d'une amélioration résultant de toute autre cause que d'une construction nouvelle. Ainsi celle qui proviendrait de l'addition d'un bâtiment ou d'une surélévation devrait amener une augmentation de l'impôt. (Chap. III, *De la Possession*. pag. 20.)

§ II. *Contribution personnelle et mobilière.*

13. La contribution personnelle est due par tout habitant, jouissant de ses droits, non réputé indigent. Elle se compose de la valeur de trois journées de travail, fixée par le conseil général. Elle est due au lieu du domicile réel.

La contribution mobilière a pour base la valeur locative des lieux servant à *l'habitation personnelle.*

A la différence de la contribution personnelle, qui n'est acquittée qu'une fois par une même personne, la contribution mobilière est due pour toute habitation meublée. (L. 21 avril 1832, art. 13. L. 26 mars 1831, art. 6.)

14. Ces deux contributions ont été réunies par la loi de 1832.

Il est à remarquer, cependant, que la contribution personnelle, due par tous, ne figure pas sur tous les rôles par toute la France. La loi de 1832 a autorisé les villes, ayant un octroi, à en prélever le montant sur le produit des droits d'octroi. Beaucoup de villes ont profité du bénéfice de cette disposition.

A cet égard, on pourrait demander si le mode de perception à l'aide de l'octroi enlève aux habitants le droit de se prévaloir, pour la formation du cens électoral, du montant de la contribution personnelle. Cette question paraîtrait devoir être tranchée affirmativement, car la contribution est acquittée en réalité; il n'y a de modification que dans le mode du paiement. (*V.* en sens contraire, Cormenin, *Elections*, XI. Rouen, 28 avril 1829.)

15. Toute habitation n'est pas soumise à la taxe; chaque année le conseil municipal fixe, sous l'approbation du préfet, le taux des loyers au-dessous duquel l'exemption aura lieu. Ce taux, à Paris, est de 200 francs.

Sont exemptés encore :

Les particuliers résidant momentanément dans un hôtel garni. (L. 21 avril 1832, art. 61.)

Les officiers avec troupes, sans résidence fixe. (Cons. d'État, 23 avril 1837.)

Les officiers à résidence fixe, attachés à des directions ou à des dépôts de remonte, figurant sur les revues de leur régiment. (Cons. d'État, 17 mai 1837 et 4 juillet 1838.)

§ III. *Contribution des portes et fenêtres.*

16. La loi des 4 frimaire an VII et 4 germinal an X a établi sur les portes et fenêtres un impôt maintenu, sauf quelques modifications, par les lois postérieures. (*Voir*, à l'Appendice, *le tarif annexé à la loi du* 21 *avril* 1832.)

En principe, l'impôt est dû pour toute porte ou fenêtre.

Sont exceptées notamment :

Les portes placées dans l'intérieur des escaliers et des appartements. (Instructions des 12 frimaire et 13 pluviôse an VII.)

Les portes et fenêtres des propriétés rurales, réservées à l'exploitation agricole, et non destinées à l'habitation des hommes. (L. 4 frimaire an VII, art. 5.)

Celles des manufactures autres que les portes et fenêtres servant à l'habitation personnelle des manufacturiers, de leurs concierges, ouvriers et commis. (L. 4 germinal an xi, art. 9.)

17. *V.* quant au tarif de l'impôt, *Appendice*, page 124, n° id.

17 *bis.* L'impôt des portes et fenêtres est supporté par celui qui jouit de ces ouvertures. En fait, et à Paris notamment, il est acquitté par le propriétaire qui le répète du locataire. En conséquence, le chiffre de cette contribution ne figure pas, d'ordinaire, sur le bulletin des impositions délivré au locataire, lors de l'émission des rôles. Cependant, il est certain que le locataire seul a le droit d'en comprendre le montant dans son cens électoral. Il importe de se prémunir contre l'erreur dans laquelle on est induit communément par suite du vice de l'usage. (*V.* d'ailleurs, chap. iv, n° 30.)

18. Toutefois le propriétaire ou le principal locataire doit s'attribuer les contributions des portes et fenêtres d'un usage commun, telles que la porte cochère, les fenêtres des escaliers, paliers, et, en un mot, de toutes les parties de la maison qui ne font pas l'objet d'une location particulière.

18 *bis.* Le père peut s'attribuer la contribution des portes et fenêtres d'un appartement occupé chez lui par son fils, lorsqu'aucun bail n'est représenté. (Cass. 31 mai 1842.)

Les fonctionnaires logés gratuitement dans des bâtiments appartenant à l'État, comptent, pour la composition de leur cens électoral, la contribution des portes et fenêtres de leur habitation. (L. 21 avril 1832. Cass. 24 avril 1838.)

18 *ter*. Un contribuable ne peut compter la contribution qu'il devrait à raison des portes et fenêtres exemptées d'impôt par erreur. (Colmar, 23 octobre 1837) *V*. Titre III. chap. I. *Des réclamations*.

§ IV. *Redevance des mines*.

19. Aux termes de la loi du 21 avril 1810, art. 33, les concessionnaires des mines paient annuellement à l'État deux redevances, l'une fixe, représentant le prix de l'acquisition, l'autre proportionnée aux produits de la mine. La perception en est autorisée par le budget.

Le montant de ces deux redevances entre dans le cens électoral des concessionnaires. (L. 19 avril 1831, art. 4.)

§ V. *Impôt des patentes*.

20. L'impôt de la patente est une charge de l'industrie.

Ce n'est pas le lieu ici d'entrer dans les détails de la législation sur les patentes. Quelques points principaux seront seulement rappelés.

21. Le droit de patente se divise en droit

fixe, réglé pour chaque industrie par le tableau annexé à la loi du 25 avril 1844, et en droit proportionnel établi sur la valeur locative des lieux occupés par le patentable pour l'exercice de son industrie, et pour son habitation personnelle.

22. Chaque année le rôle des patentes est révisé contradictoirement entre l'autorité municipale et les agents du trésor, puis publié.

Des réclamations peuvent être élevées par le contribuable contre l'assiette du droit en ce qui le concerne, et des tableaux rectificatifs supplémentaires sont publiés à chaque trimestre. Le délai pour se pourvoir est de trois mois à partir du jour de l'émission des rôles.

Nous n'avons à considérer ici les réclamations relatives au rôle des patentes que dans leur rapport avec les listes électorales. Cet examen est renvoyé au Titre III. chap. 1. *Des réclamations.*

23. La patente est nominative et ne peut profiter au cens électoral que du titulaire. (Nancy, 16 juin 1830.) Le successeur d'un patentable ne peut se prévaloir du droit de patente acquitté par ce dernier. (Nancy, 16 juin 1830.)

25. Le prix de la feuille du papier timbré de la patente ne peut entrer dans la composition du cens électoral. (Cass. 10 mai 1837. Rouen, 22 novembre 1842.)

Certaines taxes particulières viennent s'ajouter au droit de patente. (*V.* ci-après § 6, n° 24.)

§ VI. *Suppléments d'impôts ou centimes additionnels.*

24. Certains impôts viennent augmenter ceux dont on vient de s'occuper séparément. Ils entrent dans la composition du cens électoral comme accessoires de l'impôt principal auquel ils se rattachent.

25. La jurisprudence range dans cette classe :

1° Les cotisations pour le salaire des gardes champêtres. (Douai, 15 juin 1830.)

2° Les centimes additionnels pour réparation des chemins vicinaux. (Cass. 3 juillet 1830.)

3° La valeur estimative des prestations en nature pour l'entretien des chemins vicinaux. (Cass. 12 février et 8 août 1838. Rouen, 21 octobre 1839.)

4° Les contributions additionnelles payées par certaines classes de patentés pour les dépenses des chambres et bourses de commerce[1]. (Cass. 26 mai 1830.)

[1] Les contributions spéciales destinées à subvenir aux dépenses des bourses et chambres de commerce, et dont la perception est autorisée par l'art. 11 de la loi du 23 juillet 1820, seront répar-

5° Les centimes additionnels destinés aux dépenses départementales.

6° Le montant annuel du droit de diplôme établi par le décret du 17 septembre 1808 à la charge des chefs d'institution et maîtres de pension. (L. 29 avril 1831, art. 5.)

26. La jurisprudence exclut avec raison du cens électoral :

1° Le droit du vingtième acquitté annuellement par les chefs d'institution et maîtres de pension, en vertu des lois spéciales, sur la rétribution perçue des élèves, supprimé d'ailleurs par l'art. 14 de la loi du 4 août 1844. (Cass. 8 avril 1844.)

2° La contribution pour vérification et poinçonnage des poids et mesures. (Cass. 10 mai 1837. Rouen, 22 novembre 1842.)

3° La rétribution fixée pour les opérations du jury médical. (Même arrêt 1842.)

4° Les frais d'avertissement et le timbre des extraits délivrés par le contrôleur. Ces

ties entre les patentables des trois premières classes du tableau A annexé à la présente loi, et sur ceux désignés dans les tableaux B et C. comme passibles d'un droit fixe, égal et supérieur à celui des-dites classes.

Les associés des établissementscompris dans les classes et tableaux sus-désignés contribueront aux frais des chambres et bourses de commerce. (Loi du 25 avril 1844, art. 33.)

frais sont en effet en dehors de l'impôt et ne figurent pas sur la matrice des rôles. (Même arrêt.)

CHAPITRE III.

DU POINT DE DÉPART DU PAIEMENT DE L'IMPÔT ET DE LA POSSESSION.

SOMMAIRE.

Énonciation des diverses contributions.

27. Ces deux questions se confondent dans un même examen, car l'impôt n'est payé que par celui qui possède. Mais à quelle époque doit-on acquitter chaque contribution ou posséder pour acquérir le droit d'être porté sur les listes électorales?

28. Chacune des contributions qui viennent d'être énumérées doivent, pour plus de méthode, être rappelées successivement.

Contribution foncière. — Le contribuable doit posséder antérieurement au 1er juin, date de la révision annuelle des listes. La preuve de la date existe à partir de l'enregistrement de l'acte d'acquisition ou de ratification (Paris, 20 novembre 1829), s'il est sous seing privé, ou de sa signature, s'il est authentique : la possession n'existe légalement qu'à ce moment.

La possession doit être réelle ; il ne suffirait pas qu'elle remontât antérieurement au 1er juin par l'effet d'une fiction stipulée dans le contrat d'acquisition. (Orléans, 3 décembre 1842.)

Une exception est introduite en faveur de l'héritier et du donataire en avancement d'hoirie. La personne du défunt et du donateur étant censée continuer en celle de l'héritier et du donateur, il suffit à ces derniers de posséder antérieurement au 30 septembre, date de la clôture du délai des réclamations.

La doctrine a étendu l'exception au légataire, au donataire par contrat de mariage, et au donataire après décès. Dans ces deux cas, en effet, la fraude que la loi entend prévenir n'est pas supposable. (Cormenin, *Elections parl.* n° 14.)

Ajoutons que les principes du droit civil du partage *entre cohéritiers*, font remonter au jour du décès de l'auteur la possession du lot échu au copartageant. Ces principes doivent être appliqués ici. (Orléans, 14 janvier 1829. Cass. 12 juillet 1830. Dalloz, 29, 2, 50 et 117 ; 30, 1, 274.)

Contribution personnelle et mobilière. — En droit, la contribution doit avoir été acquittée et les lieux doivent avoir été occupés antérieurement au 1er juin.

En fait, les rôles annuels de ces contributions devant être révisés au 1er janvier, le contribuable qui n'y aura pas été soumis avant le 1er janvier, par une présence ou une possession antérieure à cette époque, sera exposé à perdre le bénéfice de l'impôt.

Contribution des portes et fenêtres. — Les observations qui précèdent sont communes à cette contribution.

Contribution de la patente. —La patente doit avoir été prise et l'industrie doit avoir été exercée un an avant la clôture de la liste électorale c'est-à-dire avant le 20 octobre.

Mais la possession annale ne serait pas exigée à l'égard de l'augmentation d'impôt résultant d'une augmentation de valeur locative (Bourges, 14 juin 1830), de l'extension d'une *même* industrie (Bordeaux, 28 juin 1830), d'un changement de classe de la patente. (Grenoble, 14 juin 1830.)

Contribution du diplôme. —La possession doit remonter antérieurement au 20 octobre.

Impôts supplémentaires ou centimes additionnels. —La solution de la question, quant à ces impôts, est comprise dans la solution donnée à l'égard de chacune des contributions particulières dont ils sont accessoires. Il suffira donc d'énoncer à laquelle des contributions chacun de ces impôts supplémentaires se rapporte.

La cotisation pour le salaire des gardes champêtres, les centimes additionnels pour réparation des chemins vicinaux, pour dépenses départementales, se rapportent *à l'impôt foncier.*

Les prestations en nature pour entretien des chemins vicinaux dues par *l'habitant*, propriétaire ou fermier, accèdent soit à l'impôt foncier, si le propriétaire habite et exploite; soit à l'impôt mobilier, si l'exploitation est confiée à un fermier (Cass. 28 mai 1838 ; 11 avril 1842); ou à un colon partiaire. (Cass. 31 mai 1842.)

Les contributions applicables aux chambres et bourses de commerce sont accessoires du droit de patente.

CHAPITRE IV.

DES PERSONNES AUXQUELLES CHAQUE CONTRIBUTION DOIT ÊTRE COMPTÉE.

29. En principe, l'exercice du droit électoral est spécialement attaché au *payeur légal* de la contribution. Aucune convention particulière ne peut, en astreignant à l'acquit d'une contribution une personne qui n'en est pas tenue par la loi, déroger à ce principe.

30. De là il suit :

Que *la contribution foncière* doit être comptée nonobstant toute convention contraire :

1° Au propriétaire;

2° A l'usufruitier, comme profitant des revenus[1], et non au nu-propriétaire ;

3° A l'emphytéote[2];

4° Au propriétaire de l'immeuble grevé d'une rente foncière, et non à celui de la rente, s'il y a retenue pour contribution; (Cormenin, *Elections* XII.)

5° Au preneur à locatairerie perpétuelle, non au bailleur; (*Ibid.*)

6° Aux propriétaires des domaines congéables jusqu'à concurrence des deux huitièmes dans les tenues composées uniquement de maisons ou usines; de cinq huitièmes, dans les tenues formant un corps d'exploitation rurale; de six huitièmes, dans les tenues sans édifices : le surplus est compté aux colons. (*Ibid.*)

7° Aux acquéreurs à réméré ;

8° Aux débiteurs, pour les biens engagés par antichrèse; car l'antichrèse ne déplace pas le droit de propriété ;

9° Aux copropriétaires des biens indivis, savoir : dans la proportion respective de leurs droits, si cette proportion est établie par titre authentique; et dans des propor-

[1] *Voy.* n° 11.

[2] L'emphythéose, distincte du bail, est un contrat par lequel un propriétaire abandonne la jouissance d'un immeuble contre une redevance.

tions égales, si la preuve du fait de l'indivision est seule rapportée. (Caen, 12 janvier 1829. Toulouse, 23 novembre 1829.)

Que *la contribution mobilière et celle des portes et fenêtres* profitent :

1° Au locataire ou fermier qui occupe les lieux;

2° Au maître d'un hôtel garni et au propriétaire ou locataire qui loue en garni. (*V.* n° 18.)

Que la *contribution de la patente* compte :

1° Au titulaire;

2° Aux associés d'une maison de commerce qui se la partagent par portions égales. (*V.* chap. IV.)

Que le *droit de diplôme* compte au titulaire.

Que les *impôts supplémentaires ou centimes additionnels* comptent à la personne chargée par la loi de la contribution particulière à laquelle chacun de ces impôts se rattache. (*V.* n. 28.)

30. Toutefois, et bien qu'en principe nul ne puisse exercer le droit électoral qu'en raison des contributions qu'il paie lui-même, la loi admet, en faveur de la qualité de certaines personnes, des exceptions importantes qui sont examinées ci-après.

CHAPITRE V.

DES PERSONNES QUI PROFITENT DES CONTRIBUTIONS D'AUTRUI.

SOMMAIRE.

§ I. Droits du mari et du père. — § II. Droit du fermier. § III Délégations.

31. Certaines personnes profitent des contributions prélevées sur des biens et valeurs dont elles ne sont pas propriétaires.

Les unes, en vertu d'un droit propre, par la seule force de la loi : *le mari, le père, le fermier*.

Les autres, par l'effet d'une délégation : *le fils, le petit-fils, le gendre, le petit gendre*.

§ I. *Droits du mari et du père.*

32. *Le mari* profite, durant le mariage, des contributions de sa femme, même non commune en biens. (Le 19 avril 1831, art. 6.)

33. *Le père* profite des contributions des biens de ses enfants mineurs, non émancipés (Solution ministérielle 18 octobre 1820), tant qu'il en a la jouissance légale, c'est-à-dire jusqu'à l'âge de 18 ans.

Le grand-père auquel la loi n'accorde pas la jouissance légale des biens des petits-enfants ne saurait être ici assimilé au père.

§ II. *Droit du fermier.*

34. Tout fermier à *prix d'argent* ou de denrées, par *bail authentique*, d'une durée de 9 *années consécutives* au moins, exploitant *par lui-même* une ou plusieurs propriétés rurales, a droit de se prévaloir du tiers des contributions grevant ces propriétés, sans que ce tiers soit retranché au propriétaire.

Certaines parties de la France ont conservé l'usage du domaine congéable. On a vu ci-dessus la répartition de l'impôt qui, dans ce cas, a lieu entre le propriétaire et le colon. (*V*. n° 29, 6°.)

35. Ainsi quatre conditions requises :

1° *Le bail doit être en forme authentique :*

L'enregistrement de l'acte de bail sous seing privé serait donc insuffisant. Toutefois il y aurait lieu d'assimiler au bail authentique le bail sous seing privé, déposé dans l'étude d'un notaire ; car ce dépôt a pour effet d'imprimer à la convention le caractère authentique et la force exécutoire propres aux conventions reçues par les notaires. (*V*. en sens contraire Nancy, 27 oct. 1837.)

2° *La durée doit en être de* 9 *années consécutives.*

Un bail de 3, 6, ou 9 années ne peut autoriser le fermier à s'imputer le tiers de la contribution foncière. (Nîmes, 30 novembre 1840. Paris, 20 octobre 1841. Cass. 3 mars 1845.)

3° *Il doit porter sur des propriétés rurales.*

Des prés ou bois sont des propriétés rurales. (Bourges, 1er décembre 1840.)

Un moulin à blé n'est pas une propriété rurale dans le cas de la loi, l'exploitation d'un moulin étant soumise au droit de patente. (Cass. 18 mars 1844.)

4° *Le fermier doit exploiter par lui-même.*

Il n'est pas nécessaire, cependant, que le fermier exploite de ses mains et de sa personne; il suffit que l'exploitation ait lieu pour son compte. (Cass. 21 août 1843.)

Mais le bénéfice de la loi ne serait pas applicable au fermier qui aurait livré la ferme à un colon partiaire. (Cass. 19 mars 1844.) Dans ce cas, en effet, son intérêt dans l'exploitation n'est plus le même.

36. Mais comment le fermier prouvera-t-il qu'il exploite *par lui-même?*

On a pensé d'abord que le seul fait d'une prise à ferme devait faire présumer l'exploitation personnelle par le preneur : qu'ainsi le fermier n'avait qu'à représenter son bail. (Orléans, 15 octobre 1836). Mais l'opinion contraire a été proclamée par la même cour. (Orléans, 24 novembre 1836.) Une circulaire ministérielle du 20 avril 1831 indique comme moyen de preuve un certificat du maire : ce mode facile devra être suivi. (Bourges, 12 octobre 1839.)

§ III. *Des délégations.*

37. Les contributions directes payées par

une veuve ou par une femme séparée de corps ou divorcée, jouissant de ses droits, seront comptées à celui de ses fils, petits-fils, gendres ou petits-gendres qu'elle désignera. (L. 19 avril 1831, art. 8.)

38. Peuvent déléguer :

1° La mère adoptive (Cass. 7 décembre 1842. Douai, 24 décembre 1844.)

2° La femme du mort civilement; car le mariage est rompu par la mort civile du mari.

39. Ne peuvent déléguer :

1° Le père ni l'aïeul;

2° La femme interdite : mais la délégation antérieure à l'interdiction, et non révoquée avant ce changement d'état, continuera de recevoir son effet.

3° La veuve remariée. Dans ce cas l'effet de la délégation devrait cesser par l'effet du mariage qui investit le mari du bénéfice des contributions dues par la femme.

4° La mère naturelle. (Cass. 4 novembre 1835).

40. Le gendre devenu veuf, puis remarié, peut profiter de la délégation de la mère de sa première femme (Cass. 28 juin 1830. Rennes, octobre 1837); à plus forte raison s'il existe un enfant de la première union. (Paris, 21 octobre 1829.)

41. Toute contribution directe peut être déléguée. La femme tutrice peut déléguer les contributions grevant les biens de l'enfant

Mais l'égalité de partage, écrite dans l'article 6 de la loi de 1831, suppose l'égalité des droits des associés. La répartition devrait être inégale si l'acte de société constatait l'inégalité des parts de chacun dans la société. La proportion fixée dans l'acte devrait alors être suivie.

3° *Société en commandite.*

Les associés en nom profitent seuls de l'impôt de la *patente* supporté par la société; les commanditaires n'y ont aucun droit. (Circulaire minist. 20 avril 1831. Cass. 24 juillet 1840).

Ils ne sauraient s'appliquer l'impôt grevant les immeubles acquis par eux pour la société, car ils n'en sont pas seuls propriétaires. (Cass. 10 mars 1830.) Mais il semble juste de leur reconnaître dans cet impôt une part proportionnelle à leur droit dans la société. On ne peut nier en effet qu'ils n'aient dans la propriété de ces immeubles un droit correspondant à la mesure de leur part sociale.

4° *Société anonyme.*

Le gérant d'une société anonyme n'est qu'un mandataire, il n'est pas propriétaire des valeurs sociales.

Les intéressés, actionnaires ou autres, ne sont pas individuellement propriétaires. La loi civile répute meubles les droits de ces intéressés, alors même que des immeubles appartiennent à la société. La société seule est propriétaire.

La contribution due par une société anonyme à raison de ses immeubles ne peut donc être comptée ni au gérant ni aux intéressés.

Quant au droit de patente, droit personnel, il semblerait devoir compter au gérant, titulaire de la patente. (*V.* cependant, en sens contraire, Douai, 20 novembre 1839.)

47. Certaines associations existent sans avoir rempli les conditions auxquelles la loi attache l'existence légale des sociétés. L'art. 6 de la loi de 1831 leur est-il applicable?

L'affirmative a été jugée. (Cass. 13 juin 1839.) Ces sociétés irrégulières sont censées exister tant que la nullité n'en a pas été demandée. En conséquence, chacun des associés pourra, sur la production d'un certificat du tribunal de commerce, constatant l'existence en fait de la société, réclamer le partage du droit de patente payé pour l'exercice de l'industrie commune.

48. Dans tous les cas qui précèdent, la justification du droit sera faite par la production de l'acte de société, et des pièces constatant l'accomplissement des formalités légales auxquelles cet acte aura été soumis, sinon par un certificat du président du tribunal de commerce du domicile de la société.

CHAPITRE VII.

DU DOMICILE POLITIQUE.

SOMMAIRE.

§ I. De la translation du domicile politique.—§ II. Des fonctionnaires publics.

49. *Le droit électoral s'exerce au lieu du domicile politique.*

En principe, le domicile politique est au lieu même du domicile réel. Le domicile réel est là où la personne a son principal établissement. (C. civ. art. 102.)

Cependant la loi permet de séparer le domicile politique du domicile réel; nous avons à rechercher sous quelles conditions.

Nous examinerons, en outre, la situation particulière de certaines classes de fonctionnaires publics à l'égard du domicile.

§ I. *De la translation du domicile politique. — Ses conséquences.*

Tout citoyen peut transférer son domicile politique dans un autre lieu que celui du domicile réel, sous la condition :

1° D'acquitter une somme de 25 francs au moins de contributions directes dans le lieu du nouveau domicile à établir. L'acquisition faite d'un immeuble pour arriver à la translation du domicile politique, doit être sincère. Le but politique ne constitue pas la simulation, il suffit que l'acquisition soit sérieuse. (Cass. 30 août 1842. Bourges, 3 décembre 1841. L. du 25 avril 1845, art. 1.)

2° D'en faire six mois à l'avance, c'est-à-dire avant le 20 avril, une double déclaration au greffe du tribunal civil de l'arrondissement électoral du domicile politique actuel, et même au greffe de l'arrondissement électoral qu'il aura choisi. Cette déclaration pourra être faite par un mandataire muni d'une procuration même sous seing privé, légalisée, quant à la signature, par le maire. (*V.* Formulaire, n° 2.)

Elle n'est pas soumise à la nécessité d'une notification au préfet. (Cass. 7 février 1837.)

Le délai de six mois ne court que du jour de la dernière des deux déclarations. (Paris, 14 juin 1830.)

Une déclaration unique suffit si le lieu du domicile à quitter et celui du domicile à prendre sont compris dans le même arrondissement judiciaire. (Circulaire, 26 avril 1831. Douai, 13 décembre 1841.)

51. Lorsque le domicile politique est demeuré uni au domicile réel, il reste attaché à ce dernier en quelque lieu nouveau qu'il vienne à être établi, sauf le droit de l'en détacher.

Si, au contraire, le domicile politique a été séparé du domicile réel, tant que cett séparation n'a pas été annulée par la volon té de l'électeur, manifestée par la doubl déclaration dont on vient de parler, la trans lation du domicile réel ne déplace pas le do micile politique d'élection. (L. 1831, art. 10.

§ II. *Du domicile politique des fonctionnair publics.*

52. Pour le fonctionnaire public, de mêm que pour tous les autres citoyens, le domi cile politique est au lieu du domicile réel Mais le domicile réel du fonctionnaire n'es pas toujours là où il est appelé par ses fonc tions.

Les fonctions *inamovibles* emportent seu les la translation du domicile du fonction naire dans le lieu où elles doivent être exer cées. (Code civ., 106, 110.)

53. De là cette conséquence :

1° Que la nomination à des fonctions révo cables qui déplacent la résidence du fonc tionnaire, ne déplacent pas par cela seul le domicile politique.

Ainsi le lieu du domicile d'un militaire d'un sous-préfet, etc., ne change pas avec le lieu de sa garnison ou de sa résidence. (Col mar, 23 octobre 1837.)

CHAPITRE VIII.

EXCEPTIONS AUX CONDITIONS DU CENS A F. 200.

54. Si le nombre des électeurs d'un arrondissement électoral ne s'élève pas à cent cinquante, ce nombre est complété en appelant les citoyens les plus imposés au-dessous de 200 fr.

Lorsqu'en vertu du paragraphe précédent les citoyens payant une quotité de contribution égale, se trouvent appelés concurremment à compléter la liste des électeurs, les plus âgés sont inscrits jusqu'à concurrence du nombre déterminé par ledit article.

55. Sont en outre électeurs en payant 100 fr. de contributions directes :

1° Les membres et correspondants de l'Institut.

2° Les officiers des armées de terre et de mer, jouissant d'une pension de retraite de 1,200 fr. au moins, et justifiant d'un domicile réel de trois ans dans l'arrondissement électoral.

Les officiers en retraite peuvent compter, pour compléter les 1,200 fr. ci-dessus, le traitement qu'ils touchent comme membres de la Légion-d'Honneur. (L. du 19 avril 1831, art. 3.

Titre second.

DES LISTES ÉLECTORALES.

SOMMAIRE.

CHAPITRE Ier. Révision annuelle des listes. — II. Publication des listes. — III. Décisions provisoires des préfets.

56. Les noms des citoyens appelés à exercer le droit électoral sont inscrits sur des listes révisées et publiées chaque année par les préfets.

Quatre époques distinctes peuvent être signalées dans la confection des listes électorales :

Du 1er juin au 15 août, révision des listes ;

Du 15 août au 30 septembre, délai ouvert aux réclamations contre les listes révisées ;

Du 30 septembre au 16 octobre, redressement des listes conformément aux décisions rectificatives intervenues ;

Au 20 octobre, publication des listes redressées.

Les listes publiées au 20 octobre demeurent immuables jusqu'au 20 octobre de l'année suivante ; jusqu'à cette époque, c'est sur ces listes qu'il doit être procédé aux élections qui peuvent s'ouvrir.

Le principe de la *permanence des listes* est fondamental en cette matière. Nous aurons occasion d'en tirer des conséquences. (*V*. chap. III.)

Il convient dès lors d'examiner la législation qui se rapporte :

1° *A la révision annuelle des listes ;*

2° *A leur publication ;*

3° *Aux décisions provisoires des préfets, relatives aux listes électorales, jusqu'au jour de la publication.*

CHAPITRE I.

DE LA RÉVISION ANNUELLE.

57. Les maires, les sous-préfets et les préfets concourent à la révision des listes arrêtées l'année précédente. Ce travail intérieur confié à l'administration est indiqué par la loi dans des termes clairs que nous nous bornerons à transcrire.

On comprend, d'ailleurs, que l'intérêt particulier de la matière commence principalement au jour où s'ouvre le délai pour les réclamations.

« *Art.* 13. La liste des électeurs dont le droit dérive de leurs contributions, et la liste des électeurs appelés en vertu de l'art. 3, sont permanentes, sauf les radiations et inscriptions qui peuvent avoir lieu, lors de la révision annuelle.

» Cette révision annuelle sera faite conformément aux dispositions suivantes :

» *Art.* 14. Du 1er au 10 juin de chaque année, et aux jours qui seront indiqués par les sous-préfets, les maires des communes, composant chaque canton, se réuniront à la mairie du chef-lieu, sous la présidence du maire, et procéderont à la révision de la portion des listes mentionnées à l'article précédent, qui comprendra les électeurs de leur canton appelés à faire partie de ces listes. Ils se feront assister des percepteurs du canton[1].

» *Art.* 15. Dans les villes qui forment à elles seules un canton, ou qui sont partagées en plusieurs cantons, la révision des listes sera faite par le maire et les trois plus anciens membres du conseil municipal, selon l'ordre du tableau. Les maires des communes qui dépendraient de l'un de ces cantons prendront part également à cette révision, sous la présidence du maire de la ville.

» A Paris, les maires des douze arrondissements, assistés des percepteurs, procéde-

[1] Un avis du préfet est publié vers le 1er mai. (Circulaire, 14 avril 1826.) Dans l'intérêt de l'exactitude des listes, les citoyens peuvent remettre leurs titres au maire jusqu'au 1er juin, au sous-préfet jusqu'au 1er juillet, et plus tard au préfet.

Cette remise est facultative. Les maires, sous-préfets et préfets ne sont pas tenus de délivrer de récépissé.

ront à la révision, sous la présidence du doyen de réception [1].

» *Art.* 16. Le résultat de cette opération sera transmis au sous-préfet qui, avant le 1er juillet, l'adressera avec ses observations au préfet du département.

» *Art.* 17. A partir du 1er juillet, le préfet procédera à la révision générale des listes.

» *Art.* 18. Le préfet ajoutera aux listes les citoyens qu'il reconnaîtra avoir acquis les qualités requises par la loi, et ceux qui auraient été précédemment omis.

» Il en retranchera :

» 1° Les individus décédés ;

» 2° Ceux dont l'inscription aura été déclarée nulle par les autorités compétentes.

» Il indiquera comme devant être retranchés :

» 1° Ceux qui auront perdu les qualités requises;

» 2° Ceux qu'il reconnaîtrait avoir été indûment inscrits, quoique leur inscription n'ait point été attaquée.

» Il tiendra un registre de toutes ces décisions.

» Il fera mention de leurs motifs et de toutes les pièces à l'appui [2]. »

[1] A Paris, chaque maire opère séparément dans son arrondissement. Les douze maires présentent ensuite leurs travaux séparés dans une réunion générale.

[2] Les décisions prononçant une inscription

Arrêtons-nous un moment sur ces décisions.

CHAPITRE II.

DES DÉCISIONS PROVISOIRES DES PRÉFETS.

Distinction ; caractère de ces décisions.

58. Des pouvoirs importants sont remis aux préfets en matière électorale, comme administrateurs et comme juges.

Comme administrateurs, ils recueillent les documents nécessaires à la confection des listes, revisent les listes et les publient.

Comme juges, ils statuent sur les difficultés que soulèvent les listes électorales.

58 *bis*. Mais dans l'exercice de ces derniers pouvoirs, il importe de distinguer entre les diverses décisions qu'ils ont mission de prononcer.

Les unes, *antérieures au* 15 *août*, jour de la publication provisoire des listes, sont rendues par les préfets seuls, *sans l'assistance du conseil de préfecture*, et sans la contradiction des parties intéressées. Ces décisions sont *provisoires*, selon l'expression même de la loi.

Les autres, *postérieures au* 15 *août*, rendues pendant le délai ouvert pour les récla-

nouvelle sont seules dispensées de la notification. (*Voy*. chap. III ci-après.)

mations et sur ces réclamations mêmes, statuant contradictoirement avec les parties intéressées, présentent un caractère éminemment contentieux, et ne peuvent émaner que des préfets *siégeant en conseil de préfecture*. Ces décisions sont *définitives*, en ce sens, qu'elles ne peuvent être attaquées que par un recours devant les cours royales.

59. De là, des rapports et des différences qu'il est intéressant de signaler.

Ainsi, de leurs rapports, il résulte :

1° Que les unes comme les autres doivent être motivées. (Art. 18 de la loi.)

2° Qu'elles doivent toutes, sans exception, être notifiées, dans le délai de dix jours[1]. (Circulaire du 11 août 1834.)

De leurs différences, il résulte :

1° Que le délai pour les attaquer n'est pas le même. Les décisions *provisoires* peuvent être attaquées du 15 août au 30 septembre. Les décisions que nous avons appelées définitives doivent l'être dans le délai de dix jours au plus.

2° Que les juridictions appelées à en connaître sont différentes.

Les décisions *provisoires* du préfet sont déférées au préfet siégeant en conseil de préfecture.

[1] Les décisions provisoires ordonnant une *inscription* sont seules dispensées de la notification.

Les décisions *définitives* sont déférées aux cours royales.

Nous n'avons à nous occuper ici que des décisions *provisoires*. Les décisions *définitives* seront examinées en leur lieu, sous le titre III.

De la notification des décisions provisoires.

60. Toute décision prononçant une radiation doit être notifiée. L'intérêt de cette formalité n'existe en effet que pour ce cas particulier. (Art. 21 de la loi.)

L'objet de la notification est de mettre chaque citoyen en demeure de contredire la décision qui le concerne.

Elle doit être faite dans le délai de dix jours. La notification irrégulière ou tardive est nulle : l'électeur conserve, dans ce cas, même après le 30 septembre, le droit de réclamer contre la liste électorale dressée conformément à cette décision. (Bordeaux, 18 juin 1830.) Le vice résultant de l'irrégularité de la notification peut néanmoins être couvert par les circonstances qui démontreraient que l'électeur a reçu l'acte. (Cass. 3 et 5 juillet 1830

La notification doit être faite au domicile élu, à peine de nullité (*Ibid.*); et, à défaut d'élection de domicile, au domicile réel que l'administration est censée devoir connaître (Bordeaux, 17 juin 1830.)

61. Mais la loi n'a pas borné sa sollicitude à cette mesure; la publication de la liste est nécessaire encore pour constituer le citoyen en demeure de réclamer.

De là il suit que si les listes publiées le 15 août ne sont pas conformes aux décisions notifiées, l'électeur peut même, après le 30 septembre, réclamer son inscription. Dans ce cas, en effet, le principe de la permanence des listes autorise l'électeur à invoquer le bénéfice des listes précédentes.

62. Le travail de révision une fois opéré, le préfet publie les listes.

CHAPITRE III.

DE LA PUBLICATION DES LISTES.

63. « *Art.* 19. Les listes de l'arrondissement électoral, ainsi rectifiées par le préfet, seront affichées le 15 août au chef-lieu de chaque canton et dans les communes dont la population sera au moins de six cents habitants. Elles seront déposées : 1° au secrétariat de la mairie de chacune de ces communes; 2° au secrétariat de la préfecture pour être données en communication à toutes les personnes qui le requerront.

» La liste des contribuables électeurs contiendra, en regard du nom de chaque individu inscrit, la date de sa naissance et l'indication des arrondissements de perception où sont assises ses contributions propres ou déléguées, ainsi que la quotité et l'espèce de contributions pour chacun des arrondissements.

» La liste des électeurs désigné par l'article 3 contiendra, en outre, en regard du nom de chaque individu, la date et l'espèce du titre qui lui confère le droit électoral et l'époque de son domicile réel.

» Le préfet inscrira sur cette liste ceux des individus qui, n'ayant pas atteint, au 15 août, les conditions relatives à l'âge, au domicile et à l'inscription sur le rôle de la patente, les acquerront avant le 21 octobre, époque de la clôture de la révision annuelle.

» *Art.* 20. S'il y a moins de cent cinquante électeurs inscrits, le préfet ajoutera, sur la liste qu'il publiera le 15 août, les citoyens payant moins de deux cents francs, qui devront compléter le nombre de cent cinquante, conformément au § 1 de l'article 2.

» Toutes les fois que le nombre des électeurs ne s'élèvera pas au delà de cent cinquante, le préfet publiera, à la suite de la liste électorale, une liste complémentaire dressée dans la même forme et contenant les noms des dix citoyens susceptibles d'être appelés à compléter le nombre de cent cinquante par suite des changements qui surviendraient ultérieurement dans la composition du collége, dans les cas prévus par les articles 30, 32 et 35[1].

[1] Si les radiations opérées postérieurement à la clôture des listes, par suite de décès, font des-

» *Art.* 21. La publication prescrite par les articles 19 et 20 tiendra lieu de notification des décisions intervenues aux individus dont l'inscription aura été ordonnée.

» Les décisions provisoires du préfet, qui indiquent ceux dont le nom devrait être retranché, comme ayant été indûment inscrits ou comme ayant perdu les qualités requises, seront notifiées dans les dix jours à ceux qu'elles concernent, ou au domicile qu'ils sont tenus d'élire dans le département, pour l'exercice de leurs droits électoraux, s'ils n'y ont pas leur domicile réel ; et, à défaut de domicile élu, à la mairie de leur domicile politique.

» Cette notification et toutes celles qui doivent avoir lieu, aux termes de la présente loi, seront faites suivant le mode employé

cendre le nombre des électeurs du collége au-dessous du minimum de 150, le préfet doit compléter le minimum en appelant des électeurs radiés. (Ch. des Députés, vérif. des pouvoirs de MM. Goury et de Peyramont, *Moniteur* de 1839, p. 530 et 899) — Lorsque le nombre de 150 électeurs n'est atteint que par l'adjonction d'électeurs supplémentaires, si ces arrêts rendus postérieurement à la clôture de nouvelles listes électorales ordonnent de nouvelles inscriptions, le préfet ne doit pas retrancher de la liste un nombre d'électeurs supplémentaires égal à celui des inscriptions ordonnées par la cour. (Vérification des pouvoirs de M. Limperani, *Moniteur* de 1839, p. 519.)

jusqu'à présent pour les jurés, en exécution de l'article 389 du Code d'instruction criminelle[1].

» *Art.* 22. Après la publication de la liste rectifiée, il ne pourra plus y être fait de changement qu'en vertu de décisions rendues par le préfet, en conseil de préfecture, dans les formes ci-après. (*Voir* Titre III, *Des voies de recours*.)

64. « *Art.* 37. Il sera donné communication des listes annuelles et des tableaux de rectification à tous les imprimeurs qui voudront en prendre copie. Il leur sera permis de les faire imprimer sous tel format qu'il leur plaira choisir et de les mettre en vente.

Titre troisième.

DES VOIES DE RECOURS CONTRE LES LISTES ÉLECTORALES

SOMMAIRE.

CHAPITRE Ier. Des réclamations des parties. — II. Des réclamations par les tiers. — III. Des décisions des préfets en conseil de préfecture. — IV. Des recours devant les cours royales. — V. Du pourvoi en cassation. — VI. Clôture et publication définitive des listes.

Du droit de réclamer.

65. Au 15 août, jour de la publication

[1] Par huissier ou par un gendarme qui doit en retirer un récépissé.

des listes, cesse pour le préfet le droit de modifier *d'office* la composition des listes électorales. Une période nouvelle commence. Du 15 août au 30 septembre la voie est ouverte aux réclamations contre la teneur des listes électorales. La révision ici est contentieuse.

66. Aux termes de l'art. 27 de la loi de 1831, la connaissance de ces réclamations appartient au préfet *en conseil de préfecture.* Mais il est nécessaire de rechercher :

1° Les personnes auxquelles appartient le droit de réclamer ;

2° Les formes et les délais dans lesquels les réclamations doivent être présentées;

3° La compétence des cours royales;

4° Les conditions et les règles du pourvoi en cassation.

Nous examinerons ensuite ce qui concerne la publication des listes définitives au 20 octobre et le principe de la *permanence des listes.*

L'examen de ces quatre points distincts fait l'objet des chapitres suivants.

67. Ce droit appartient :

1° Aux parties que les inscriptions, omissions ou retranchements concernent ;

2° Aux tiers, électeurs, inscrits sur la liste à attaquer, ou jurés dans le département auquel appartient l'arrondissement électoral.

L'électeur désigné sur la liste comme *devant être retranché* (art. 18 de la loi), aurait qualité pour intenter comme tiers un recours contre la teneur des listes, car la qualité d'électeur lui appartient jusqu'au jour de la publication des listes, c'est-à-dire jusqu'au 20 octobre.

CHAPITRE I.

DES RÉCLAMATIONS DES PARTIES.

§ I. *Délais.* — *Formalités.*

68. Le délai pour réclamer s'étend, comme on l'a vu, du 15 août au 30 septembre, terme fatal, mais dont la rigueur repose sur deux idées également justes.

1° Au cas d'inscription *nouvelle* à requérir, le citoyen ne peut imputer qu'à soi-même la négligence de ses droits : car seul il a dû les connaître.

2° Au cas de recours contre un retranchement, le citoyen, mis doublement en demeure par la notification de l'arrêté provisoire qui prononce le retranchement et par la publication des listes, est en faute s'il n'a pas réclamé.

69. Mais d'autres cas sont possibles :

1° Le nom d'un électeur peut avoir été omis par erreur, sans qu'une décision du préfet soit intervenue pendant le temps de la révision des listes.

2° La décision qui aura prononcé le retranchement peut n'avoir pas été notifiée.

3° La décision aura été notifiée, mais la liste publiée le 15 août aura cependant conservé le nom de l'électeur.

Dans les deux premiers cas, l'électeur pourra réclamer son inscription, même après le 30 septembre, car les raisons de la déchéance ne se rencontrent pas. (Paris, Bourges, 25, 26 février, 1er mars 1839. Cass. 15 juin 1839. Douai, 13 juin 1842. Rouen, 31 juillet 1834.)

Dans le dernier cas, l'électeur pourra se prévaloir de la teneur de la liste, comme de la reconnaissance publique de son droit.

70. Quant aux formes à suivre pour les réclamations, les art. 23 et 24 de la loi de 1831 sont ainsi conçus :

« *Art.* 23. A compter du 15 août, jour de la publication, il sera ouvert, au secrétariat général de la préfecture, un registre coté et paraphé par le préfet, sur lequel seront inscrites, à la date de leur présentation, et suivant un ordre de numéros, toutes les réclamations concernant la teneur des listes. Ces réclamations seront signées par le réclamant ou par son fondé de pouvoir.

» Le préfet donnera récépissé de chaque réclamation et des pièces à l'appui. Ce récépissé énoncera la date et le numéro de l'enregistrement.

» *Art.* 24. Tout individu qui croirait avoir

à se plaindre, soit d'avoir été indûment inscrit, omis ou rayé, soit de toute autre erreur commise à son égard dans les rédactions des listes, pourra, jusqu'au 30 septembre inclusivement, présenter sa réclamation, qui devra être accompagnée de pièces justificatives. »

71. Trois dispositions principales ressortent de ces articles :

Etablissement d'un registre spécial destiné à recevoir les réclamations à leur date;

Faculté de réclamer par un mandataire ;

Nécessité de la production des pièces justificatives.

Des développements particuliers se rattachent à chacun de ces trois points.

72. *Registre spécial.*

La loi n'indique pas de formes spéciales pour la réclamation. En conséquence, il a été jugé que le simple dépôt des pièces par celui qui se prétend électeur non inscrit, équivalait à une demande formelle d'inscription sur les listes. (Paris, 19 juin 1830.)

Mais alors que la réclamation porte sur une erreur dans la teneur des listes, sur une supputation irrégulière du chiffre de l'impôt, ou sur une omission quelle qu'en soit la nature, on comprend que le simple dépôt des pièces ne puisse suffire. Il est nécessaire dans ces cas divers, et il est utile toujours, de formuler une demande qui désigne nettement la nature et l'objet de la réclamation.

Une requête adressée au préfet *en son conseil*, est la forme la plus ordinaire et la plus simple (*Voir* Appendice, Formulaire n° 3.)

73. La demande doit être *signée*. Cependant le défaut de signature autorise seulement le préfet à refuser les pièces; l'acceptation et l'enregistrement d'une demande non signée couvrirait le vice de forme. (Nîmes, 5 décembre 1842.)

74. *Réclamation par mandataire.*

La procuration peut être donnée sous seing privé (Cass. 12 août, 1838) ou sous forme de lettre (Circul., novembre 1827 et 25 août 1828). Dans ce cas, il convient de faire légaliser la signature du mandant: toutefois cette formalité n'est pas indispensable. (Cass. 26 juin 1830). Le simple mandat verbal a même été jugé suffisant. (Rouen, 20 décembre 1828. Cass. 2 avril 1838. *V.* Discussions à la Chambre des Pairs.)

75. Que si le préfet refuse la réclamation et les pièces à l'appui, sommation de les recevoir doit lui être faite par huissier.

Le refus du préfet, alors surtout qu'il est motivé par lui sur l'original de la sommation, autorise le réclamant à porter diretecment son action devant la cour royale. (Toulouse, 13 novembre 1827.)

76. *Production des pièces.*

Les pièces doivent-elles nécessairement être jointes à la demande au moment de sa présentation?

D'après l'art. 27 de la loi, le préfet doit statuer dans les cinq jours de la réception de la demande. Or, de deux choses l'une :

Ou le préfet a refusé de recevoir la requête à défaut de pièces à l'appui ; ou bien, au contraire, il l'a reçue et enregistrée.

Dans le premier cas, l'électeur a jusqu'au 30 septembre pour régulariser sa demande. Dans le second cas, le préfet, sur le motif tiré de la non-production des pièces, a seulement le droit de rejeter la requête comme *non recevable ;* mais cette décision qui ne juge pas le *fond* laisserait à l'électeur le droit de reproduire jusqu'au 30 septembre la même demande régularisée.

77. Jugé, dans tous les cas, que la demande une fois acceptée, l'électeur peut produire les pièces ultérieurement, jusqu'au jour de l'arrêté et tant que le délai pour réclamer n'est pas épuisé, c'est-à-dire jusqu'au 30 septembre. (Amiens, Rouen, 19 et 20 décembre 1828.)

On a même pensé qu'il suffisait d'avoir produit la demande avant le 1er octobre, et que les pièces pouvaient être utilement produites après cette époque. (Favard de Langlade. Amiens, 24 octobre 1837.)

Enfin le retard dans la production n'est pas opposable au réclamant, s'il provient du fait des fonctionnaires auxquels il a dû demander les pièces justificatives. (Grenoble, 19 juin 1830.)

§ II. *Pièces à produire.*

77 *bis*. Les pièces à produire sont :

1° Les extraits des rôles des contributions.

« Les percepteurs des contributions directes seront tenus de délivrer, sur papier libre, et moyennant une rétribution de 25 centimes par extrait de rôle concernant le même contribuable, à toutes personnes portées au rôle, l'extrait relatif à ses contributions ; et à tout individu qualifié comme il est dit à l'art. 25 ci-dessus, tout certificat négatif ou tout extrait des rôles des contributions. » (Art. 36 de la loi.)

Il n'y a pas lieu de distinguer entre les diverses contributions, puisque la loi ne distingue pas. Les difficultés apportées à Paris dans ces derniers temps, relativement aux extraits des rôles des portes et fenêtres sont évidemment contraires à la loi.

La délivrance des extraits a pour objet d'éclairer les parties ou les tiers : or, le refus de délivrer l'extrait d'un rôle équivaut au refus de tous les autres, car il rend impossible l'appréciation des droits.

2° Les titres desquels le contribuable fait résulter soit la propriété d'un immeuble, soit l'existence d'un bail, d'une société, etc.

78. Le préfet doit ordonner la communication au réclamant de la déclaration du propriétaire relative aux portes et fenêtres, ou le procès-verbal d'un acquit des contributions d'après lesquelles la cote a été dressée. (Solution min. 14 janvier 1829.)

§ III. *Cas divers de réclamation. — Principe. — Impôt de répartition. — Impôt de quotité.*

78 *bis.* En principe, la base du droit électoral est l'impôt; celle de l'impôt est la matière imposable. La base du droit électoral est donc en réalité la matière imposable.

De ce principe, il suit que là où la matière imposable existe suffisamment pour élever l'impôt au cens de 200 francs, le droit électoral doit exister, quel que soit le chiffre de l'impôt porté sur les rôles des contributions, et alors même que l'impôt aurait été complétement omis des rôles. Le droit des citoyens ne peut dépendre du mauvais vouloir ou des erreurs de l'administration.

Comme conséquence de ce principe, on a décidé que le propriétaire d'un immeuble non imposé, par erreur de l'administration, était fondé à se prévaloir de l'impôt dont cet immeuble aurait dû être grevé. (Cormenin, *Elections*, § 29.) Il en doit être de même de la contribution personnelle et mobilière [1]. (*Ibid.*)

79. Réciproquement, il faut admettre que les citoyens ne peuvent se prévaloir que des contributions réellement dues.

En conséquence celui qui, au 1er juin, cesse d'être soumis légalement à un impôt, ne peut s'en attribuer le bénéfice, alors même qu'il se trouverait, au 1er juin, taxé sans recours. (Bourges, 25 novembre 1840.)

De même, si deux contributions ont été à tort portées cumulativement, l'une des deux seulement doit être comptée. (Rennes, 18 décembre 1828. Grenoble, 4 août 1829.)

80. On vient de voir que l'erreur commise dans l'établissement des rôles ne pouvait nuire au droit électoral du contribuable. Mais une difficulté résultant de la nature de l'impôt peut se présenter : ce point exige quelques développements.

Ainsi les contributions se divisent en impôts de répartition et impôts de quotités.

Les uns, votés annuellement pour un *chiffre net* et *fixé* par les chambres, sont répartis entre les départements pour une somme également *fixe*. Cette somme est ensuite ré-

[1] Voyez en sens contraire, Paris, 12 novembre 1842. Cet arrêt nous semble en opposition évidente avec le principe de la matière.

partie entre les arrondissements, et les rôles annuels sont dressés de manière à reproduire exactement la somme à verser au trésor public par le département.

Les autres, déterminés seulement *quant au chiffre à payer par chaque contribuable*, sont indéterminés quant au produit définitif qu'ils doivent faire entrer dans les caisses du trésor. Ce produit est variable comme le nombre des contribuables et comme la matière imposable elle-même.

Des quatre sortes de contributions directes composant le cens électoral, l'impôt des patentes est seul un *impôt de quotité.*

80 *bis.* De là une question intéressante.

Une réclamation peut avoir pour objet soit un grèvement à l'effet d'arriver au cens électoral, soit un dégrèvement.

Nous n'avons pas à nous occuper ici de la demande en dégrèvement soumise à des règles particulières étrangères à notre sujet : nous ne traitons en effet que du droit électoral et des moyens légaux de le faire valoir.

La demande en grèvement porte sur l'insuffisance du chiffre mis à la charge du contribuable. Or, la contribution particulière qui fait l'objet de la réclamation est nécessairement *impôt de répartition* ou *impôt de quotité.*

Quant au grèvement devant porter sur un impôt de *quotité*, le préfet ne peut opposer au réclamant une fin de non-recevoir tirée de ce qu'il n'est pas possible de percevoir au delà des impôts *fixés*, car le produit des impôts de quotité n'a rien de fixe.

Que si le grèvement doit porter sur un impôt de *répartition*, le préfet peut-il opposer que le produit de l'impôt est déterminé d'une manière invariable, que l'excédant offert n'est pas rentré dans les calculs de la répartition entre les habitants de la commune, et qu'ainsi aucune caisse publique n'a mission de le recevoir ?

Nous ne le pensons pas. Notre opinion s'appuie :

1° Sur ce principe que le droit électoral résulte de l'impôt légalement dû, qu'il soit ou non acquitté. (*V.* n° 78.) La loi elle-même en offre une preuve dans l'article 4 relatif aux immeubles temporairement exemptés de l'impôt.

2° Sur la doctrine qui compte au contribuable l'impôt applicable à un immeuble omis par erreur sur le rôle des contributions. (*V.* n° 78.)

L'insuffisance du chiffre est une omission ou une erreur, dans tous les cas un tort de l'administration, dont le contribuable ne doit pas souffrir. Cette opinion est fortifiée par le caractère éminemment favorable de la matière.

81. Mais les lois spéciales fixent des délais pour réclamer contre le chiffre de l'impôt

porté sur les rôles à la charge de chaque contribuable. La demande du contribuable à fin d'inscription sur les listes, demande fondée sur l'insuffisance du chiffre de l'impôt, peut-elle être écartée par ce motif que le contribuable aurait laissé expirer ces délais sans réclamation ?

Les raisons exposées ci-dessus (nº 80) nous conduisent à décider négativement. Ajoutons qu'il s'agit ici d'un ordre d'idées et d'intérêts essentiellement différents.

81 *bis*. Le préfet doit statuer dans les cinq jours qui suivent l'enregistrement des pièces.

CHAPITRE II.

DES RÉCLAMATIONS PAR LES TIERS.

82. Les art. 25 et 26 de la loi sont ainsi conçus:

« *Art.* 25. Dans le même délai (du 15 août au 30 septembre), tout individu inscrit sur les listes d'un arrondissement électoral pourra réclamer l'inscription de tout citoyen qui n'y sera pas porté, quoique réunissant les conditions nécessaires, la radiation de tout individu qu'il prétendrait indûment inscrit, ou la rectification de toute autre erreur commise dans la rédaction des listes.

» Ce même droit appartiendra à tout citoyen inscrit sur la liste des jurés non-électeurs de l'arrondissement.

» *Art.* 26. Aucune des demandes énoncées en l'article précédent ne sera reçue, lorsqu'elle sera formée par des tiers, qu'autant que le réclamant y joindra la preuve qu'elle a été par lui notifiée à la partie intéressée, laquelle aura dix jours pour y répondre, à partir de celui de la notification. »

82 *bis*. L'électeur rayé perd le droit de suivre la réclamation intentée par lui comme tiers. (Toulouse, 14 novembre 1839.)

83. Trois points particuliers à mettre en lumière.

1° Le droit de réclamation ;

2° Les délais pour réclamer ;

3° La forme des réclamations.

§ I. *Mesure du droit.*

84. Ce droit, établi dans l'intérêt de la sincérité des listes, droit favorable par cela même, a cependant des limites qu'il importe de fixer.

84 *bis*. Le droit de critiquer les listes emporte celui de réclamer contre les listes supplémentaires et même les inscriptions portées sur le dernier tableau rectificatif arrêté le 16 octobre et publié le 20 ; autrement le droit serait incomplet. Dans ce cas, la juridiction du préfet se trouvant épuisée, l'action du tiers doit être portée *de plano* devant la cour royale. (Montpellier, 18 novembre 1839. Angers, 21 novembre 1830. Cass. 11 août 1845.)

85. Mais le droit des tiers se borne à contester la teneur des listes.

Il ne peut aller, par exemple, jusqu'à contester le bénéfice de l'impôt, en se fondant sur des faits qui ne peuvent détruire d'une manière absolue les actes invoqués par l'électeur.

S'il est permis au tiers d'invoquer la fraude contre l'électeur dont on réclame la radiation, la faveur du droit d'intervention ne peut autoriser la critique d'un acte de partage sous prétexte d'inégalité des lots. (Toulouse, 14 novembre 1839.) L'origine non frauduleuse de la propriété échappe à la discussion du tiers. (Bourges, 3 octobre 1829.)

Ces deux cas, d'ailleurs, excéderaient évidemment les limites de la compétence du préfet.

86. Jugé que le tiers qui a demandé qu'un électeur fût porté dans un autre arrondissement ne peut changer sa demande et réclamer une diminution du cens de cet électeur. (Bordeaux, 23 juin 1830.)

Nous comprenons la doctrine de cet arrêt, en ce sens que le préfet doit statuer sur la demande telle qu'elle lui a été soumise; mais, après l'arrêté rendu, si le délai pour réclamer n'est pas expiré, aucune disposition de la loi ne s'oppose à une demande en radiation fondée sur le *défaut de cens*.

86 *bis*. L'intervention des tiers ne peut

être collective. (Montpellier, 31 octobre 1837. Circulaire, 21 octobre 1828.)

§ II. *Délais. — Formalités.*

87. « Le délai pour les réclamations des tiers est fixé du 15 août au 30 septembre. » (Art. 25 de la loi.)

Certaines exceptions ont néanmoins été introduites par la jurisprudence : nous en renvoyons l'examen au chapitre VIII, *Du recours direct devant la cour royale.*

88. « La demande[1] doit être *notifiée* à la partie intéressée. Elle ne peut être reçue par le préfet sans la preuve de cette notification. » (Art. 26 de la loi.)

Dans la pratique un embarras peut résulter de la combinaison de ces deux prescriptions de la loi. En effet, comment notifier la demande, si la demande elle-même n'est pas adressée? Comment adresser la demande si la notification préalable est nécessaire? On ne peut notifier ce qui n'existe pas.

La jurisprudence est venue en aide à la pratique.

Jugé que la réclamation d'un tiers n'est pas nulle par cela seul qu'elle n'est pas accompagnée de la preuve qu'elle a été notifiée à l'électeur dont la radiation est demandée. Il suffit que cette preuve soit produite au préfet, avant sa décision. (Limog. 13 janv. 1845.)

[1] Rédiger sur papier timbré. (*V.* Appendice-formulaire n° 5.)

La preuve peut être utilement produite pour la première fois devant la cour. (Rennes, 16 décembre 1821, 30 janvier 1829. Nîmes, 8 novembre 1842. Cass. 28 août 1843. *V.* en sens contraire, Cass. 24 avril 1838.)

Elle doit être fournie, dans tous les cas, avant le 30 septembre. (Cass. 28 août 1843.)

Il suffit au tiers réclamant de notifier à la partie dont il demande le retranchement un exploit énonçant les motifs de la demande qu'il se propose de former contre lui, sans qu'il soit nécessaire de lui notifier le texte même de la demande. (Cass. 4 avril 1843. Orléans, 5 décembre 1842.)

En fait, il sera facile de notifier la copie entière de la demande et de déposer le jour même de la notification. Dans ce cas, on joindra l'original de l'exploit de notification à la requête qui sera déposée. (*V.* Formulaire n° 6.)

89. La demande doit être motivée; mais est régulièrement rédigée la demande qui s'appuie sur ce que l'électeur, dont la radiation est demandée, ne paie pas le cens voulu par la loi. (Cass. 15 juin 1837, 23 août 1838.)

90. Remarquons, d'ailleurs, que la nécessité de la notification préalable, ne s'applique qu'aux demandes en radiation, non aux demandes à fin d'inscription d'un élec-

teur. (Rennes, 16 décembre 1828. Rouen, 20 décembre 1828.)

91. Les tiers peuvent intervenir par mandataire. Le mandat peut être donné sous seing-privé[1].

La demande en radiation d'un électeur est valablement formée, quoique non signée du réclamant, si, au bas de la réclamation présentée au préfet, se trouve l'exploit de notification qui en a été faite à la partie intéressée. L'huissier signataire de l'exploit est réputé avoir un pouvoir de la part du tiers réclamant pour former la demande. (Cass. 23 août 1828.)

Les demandes formées par les tiers ne sont pas nulles par cela seul qu'elles sont faites sur papier libre ou par exploit non enregistré. (Bastia, 27 novembre 1833.)

91 *bis*. La partie intéressée a dix jours pour produire ses pièces. Le préfet doit statuer dans les cinq jours qui suivent l'expiration de ce délai.

§ III. *Production des pièces.*

92. Il convient de produire les pièces à

[1] Faire légaliser la signature par le maire. — La signature du maire sera légalisée par le sous-préfet, celle du sous-préfet par le préfet, si l'acte doit être produit hors de la circonscription du département.

l'appui de la demande. Le tiers peut, à cet égard, se servir des pièces mêmes de l'électeur dont l'inscription est attaquée. (Bordeaux, 22 juin 1830.)

Mais la nécessité de la production des pièces n'est pas absolue. Elle n'existe qu'à l'égard des réclamations concernant l'intérêt personnel du réclamant lui-même. (Cass. 23 août 1838.)

93. Il y a production ou équivalent de production, lorsque le réclamant invoque, à l'appui de sa demande, des pièces qui se trouvent dans les mains du préfet. (Cass. 23 avril 1838.)

CHAPITRE III.

DES DÉCISIONS DES PRÉFETS EN CONSEIL DE PRÉFECTURE.

SOMMAIRE.

Compétence. — Notification.

94. *Les conseils de préfecture* ne sont pas institués juges en matière électorale. Le préfet *seul* décide, après avoir pris l'avis du conseil de préfecture. (Circulaire, 21 octobre 1820. Ordonnance du 11 février 1824. Cormenin, *Elections*, § 4.)

Mais les questions du domaine du droit civil se mêleront parfois aux difficultés soumises aux préfets en conseil de préfecture.

L'ordre des juridictions devra-t-il être troublé? Les préfets en conseil de préfecture ont-ils mission ici d'empiéter sur les attributions des tribunaux civils ?

Il est difficile de poser une limite absolue. Nous nous bornerons à exposer l'état de la jurisprudence.

95. Jugé que les préfets en conseil de préfecture sont compétents pour apprécier le mérite d'un testament duquel un contribuable veut faire résulter son droit électoral. (Cass. 14 décembre 1836.)

Leur compétence existe si le titre produit porte le caractère d'une simulation évidente. (Toulouse, 30 novembre 1840. *V.* Bourges, 3 octobre 1830.)

96. Le préfet saisi d'une demande à fin d'inscription doit statuer : il ne peut se borner à renvoyer devant la cour royale. (Paris, 25 août 1829.)

Il ne peut condamner aux dépens le tiers dont la réclamation est rejetée. (Solution min. 14 octobre 1829.)

97. La réclamation fondée sur des pièces présentant des prénoms inexacts peut être rejetée pour défaut d'identité. Ce n'est pas au préfet qu'il appartient de redresser cette erreur. (Bordeaux, 19 juin 1830.)

98. Le préfet doit *statuer* sur toutes les demandes adressées en temps utile. En cas de refus de *statuer*, le réclamant peut

saisir la cour *de plano*. (Cass. 25 mars 1844. *V*. chap. IV, § 3 ci-après.)

« 98 *bis*. Toutes les décisions rendues sur les demandes à fin d'inscription ou de radiation seront notifiées dans les cinq jours de leur date. » (Art. 29 de la loi.)

Il faut remarquer, cependant, que les décisions portant refus d'inscription ne doivent pas être notifiées au *tiers* réclamant. Le tiers, en effet, n'a pas dans ce cas le droit de recourir devant la cour. (*V*. art. 33.)

Doit être notifiée la décision qui transporte un électeur d'une liste sur une autre. (Bourges, 25 février 1839. En sens contraire, Montpellier, 25 février 1839.) Nous nous rangeons à la doctrine de la cour de Bourges.

CHAPITRE IV.

DU RECOURS DEVANT LES COURS ROYALES.

Caractères de l'action. — Recours des parties. — Recours des tiers.

99. Toute partie qui se croira fondée à contester une décision rendue par le préfet, pourra porter son action devant la cour royale du ressort et y produire toute pièce justificative.

L'exploit introductif d'instance devra, sous peine de nullité, être notifié dans les dix jours, quelle que soit la distance des lieux, tant au préfet qu'aux parties intéressées.

Dans le cas où la décision du préfet aurait rejeté une demande d'inscription formée par un tiers, l'action ne pourra être intentée que par l'individu dont l'inscription aura été réclamée.

« La cause sera jugée sommairement, toutes affaires cessantes, et sans qu'il soit besoin du ministère d'avoué. Les actes judiciaires auxquels elle donnera lieu seront enregistrés *gratis*. L'affaire sera rapportée en audience publique par un des membres de la cour, et l'arrêt sera prononcé après que la partie ou son défenseur et le ministère public auront été entendus. » (Art. 33 de la loi.)

99. *bis*. Le recours autorisé devant les cours royales n'est pas la voie de l'appel. On n'interjette appel que d'un jugement; or, la décision du préfet n'est pas une sentence. Le conseil de préfecture, non le préfet, rend des sentences. L'action ouverte devant les cours royales ne trouble donc pas l'ordre de juridictions; car il n'y a pas *appel* devant la juridiction *civile* d'un jugement émané d'un tribunal *administratif*. Les cours royales sont saisies d'une action *à l'occasion d'un arrêté du préfet*. Un nouveau litige s'engage dans lequel le préfet lui-même est partie. (*V*. Moniteur, 22 mai 1828, séance du

17.) Les termes de la loi confirment cett observation.

Mais les cours royales peuvent encore, e dans certains cas, être saisies directement *de plano*, de la connaissance des réclama-tions en matière électorale. L'examen des règles spéciales à ce recours direct fai l'objet du § 3 ci-après.

100. L'art. 33 autorise le recours devan les cours royales par *toute partie*. On a vu en effet que les réclamations devant le préfets pouvaient émaner soit des partie elles-mêmes, soit des tiers.

Il faut remarquer que si le droit de re-cours appartient toujours aux parties inté-ressées, il est un cas où la loi le refuse au tiers, celui où le préfet a rejeté une de-mande à fin d'inscription formée par un tiers. (*V.* art. 26.)

§ I. *Délai.* — *Procédure.*

101. Le délai pour intenter l'action est d dix jours à partir de la notification de l'ar rêté, sans égard aux distances. Il ne cour que du lendemain de cette notification (Nancy, 16 juin 1830.) Mais la notificatio faite le *onzième* jour serait nulle : l'arrêt notifié le 1er septembre sera valablemen attaqué le 11. L'assignation donnée le 1: serait nulle.

Jugé, cependant, que la nullité se trouv couverte lorsque l'adversaire a posé de conclusions au fond devant la cour. (183 C. procédure civ. Bordeaux, 17 juin 1830.)

102. On procède par voie d'assignation. Le délai de l'assignation n'est pas nécessairement de huitaine. A cet égard, jugé, que la partie assignée dans le *délai de la loi* (à la huitaine), peut, avant l'expiration de ce délai, prendre valablement un arrêt par défaut. (Montpellier, 25, 31 octobre 1837.)

Cette décision est contestable. Au moins, faudrait-il admettre qu'un arrêt ne peut être pris qu'après avoir saisi l'audience par une assignation séparée.

103. Le réclamant, partie ou tiers, est autorisé par le texte de l'art. 33 à produire *toute pièce* à l'appui de son recours, même des pièces qui n'auraient pas été soumises au préfet. (Cass. 29 novembre 1837. Douai, 13 décembre 1841. Paris, 17 novembre 1840. Limoges, 31 octobre 1837.)

104. De ce que les cours royales doivent juger sommairement, et *toutes affaires cessantes*, les contestations portées devant elles en matière électorale, il ne s'ensuit pas qu'elles soient tenues de statuer *le jour même des plaidoiries;* elles peuvent, comme en toute autre matière, continuer la cause à une prochaine audience pour prononcer l'arrêt. (Cass. 5 juin 1834.)

105. Les arrêts doivent être rendus sur rapport. Cette formalité doit être constatée à peine de nullité. (Cass. 1er août 1837.)

105 *bis*. Les parties ont droit de se faire défendre par avocats, mais l'avocat peut-il répliquer au ministère public? (Pour la négative, Orléans, 9 juin 1830. Bourges, Paris, 25 août 1830. — Pour l'affirmative, Angers, 3 mai 1830.)

106. Le serment ne peut être déféré sur la réalité du droit de propriété invoqué par un électeur. (Nancy, 21 juin 1830.)

107. Les arrêts par défaut peuvent être attaqués par voie d'opposition. (Cass. 29 novembre 1837. Bourges, 13 novembre 1841. Agen, 2 décembre 1842. Montpellier, 29 novembre 1839. — En sens contraire. Toulouse, 25 novembre 1836. Douai, 31 décembre 1840. Agen, 30 novembre 1842 et 14 décembre 1843.)

L'opposant doit se pourvoir dans les dix jours. (Montpellier, 29 novembre 1839.)

La tierce opposition est également ouverte contre les arrêts. (Cass. 11 mai 1832.)

108. En matière électorale, le préfet ne peut être condamné aux dépens. (Cass. 15 janvier et 14 novembre 1838.)

109. Les arrêts peuvent être rendus exécutoires sur minute, en cas d'urgence. (Rennes, 9 août 1829. Caen, 19 janvier 1830. En sens contraire, Pau, 16 décembre 1828.)

110. L'exemption des droits d'enregistrement des pièces de la procédure ne comprend pas les droits de timbre et de greffe.

§ II. *Compétence des cours royales.*

111. L'arrêté d'un préfet portant qu'il n'y a pas lieu à statuer sur une réclamation en matière électorale est une véritable décision contre laquelle le recours devant la Cour royale est ouvert. (Cass. 24 avril 1838.)

112. Une cour royale qui ordonne la radiation du nom d'un individu porté sur la liste électorale d'un arrondissement, par le motif que cet individu est domicilié dans un autre arrondissement du même département, ne doit pas ordonner l'inscription de cet individu sur la liste électorale de ce dernier arrondissement, si cette inscription ne lui est pas demandée par la partie intéressée. (Cass. 24 avril 1838.)

113. Une cour royale peut ordonner l'inscription d'un électeur à la charge d'achever la justification de son droit dans un délai déterminé. (Nancy, 9 juin 1830.)

114. Une cour royale n'excède pas ses pouvoirs en décidant que des pièces produites il résulte un cens différent de celui que le préfet a reconnu : il n'y a pas dans cette décision rectification d'un travail administratif. (Cass. 3 juillet 1830. *V*. chapitre v, *Du pourvoi en cassation*. — *Intervention*. *V*. n° 118 *bis*.)

§ III. *Du recours* de plano *devant les cours royales.*

115. Les termes de la loi n'établissent la

compétence des cours royales qu'après l'intervention préalable d'une décision du préfet et comme moyen de recours contre cette décision.

Il est des cas cependant où, par la nécessité des faits, la compétence directe de la cour est commandée à moins de sacrifier les droits de l'électeur. En effet, après le 30 septembre, la juridiction spéciale du préfet ne peut plus être valablement saisie.

La jurisprudence s'est ouvertement prononcée en faveur de cette compétence.

116. Ainsi la cour peut rétablir *de plano*, même après le 30 septembre, l'électeur rayé par suite d'une erreur matérielle. (Paris, 24 novembre et 27 décembre 1834.)

A fortiori si l'arrêté du préfet qui ordonne la radiation ne lui a pas été notifié. (Poitiers, 19 juin 1834. Cass. 31 juillet 1834. Paris, 26 février, 1er mars 1839. Bourges, 25 février 1839.)

117. De même, si le préfet a refusé de statuer sur la demande formée en temps utile, en se fondant sur son irrégularité. (Cass. 25 mars 1844.)

118. L'électeur inscrit peut attaquer directement devant la cour l'inscription d'un individu porté sur les listes supplémentaires après le 30 septembre. (Cass. 11 août 1845.)

118 *bis*. *Intervention*. — Le tiers peut intervenir devant la cour sur le recours contre

un arrêté du préfet. (Douai, 15 juin 1830. Toulouse, 7 novembre 1839. En sens contraire, Montpellier, 21 novembre 1839. Bastia, 15 novembre 1833.)

Mais l'acte d'intervention doit être notifié préalablement. (Montpellier, 21 novembre 1839.)

CHAPITRE V.

DU POURVOI EN CASSATION.

119. « S'il y a pourvoi en cassation, il sera procédé sommairement, et toutes affaires cessantes, comme devant la cour royale, avec la même exemption du droit d'enregistrement, sans consignation d'amende. » (Art. 33 de la loi.)

120. Est valable l'assignation à la prochaine audience de la cour de cassation. (Cass. 6 et 7 juillet 1830.)

Le pourvoi doit être soumis à la chambre des requêtes. (Cass. 9 avril 1829.)

La cour de cassation peut abréger le délai d'assignation, non le délai pour se défendre. (Cass. 21 juin 1830.)

121. Au cas de nullité de la signification du délai d'admission, si les délais pour assigner devant la section civile ne sont pas expirés, la cour peut ordonner que l'électeur sera réassigné. (Cass. 7 juillet 1830.)

122. On ne peut, devant la cour de cassation, produire ni pièces nouvelles (Cass.

15 juin 1842), ni moyen nouveau. (Cass. 4 décembre 1839.)

123. Le pourvoi en cassation contre une décision préjudicielle, en matière électorale, est non recevable par défaut d'intérêt, lorsque, sur le fond, la partie demanderesse en cassation a obtenu gain de cause. (Cass. 15 janvier 1838.)

124. En principe, les préfets peuvent se pourvoir contre un arrêt qui ordonne une inscription sur les listes. (Cass., 2 juillet 1830.)

Mais ils n'ont pas qualité pour se pourvoir en cassation *dans l'intérêt de la loi*, en matière électorale : ce droit n'appartient qu'au ministère public. (Même arrêt. En sens contraire, Cass. 12 février 1838.)

125. Un électeur dont l'inscription a été rejetée faute de justification n'est pas recevable à produire devant la cour de cassation des pièces justificatives qu'il n'a pas produites devant la cour royale. (Cass. 15 juin 1842.)

126. La décision par laquelle les juges déclarent qu'un individu a son domicile réel dans l'arrondissement électoral où il a été inscrit, et que les pièces produites pour établir qu'il a son domicile dans un autre arrondissement, peuvent s'appliquer à un autre individu du même nom et du même prénom, échappe à la censure de la cour de cassation. (Cass. 25 mars 1843.)

126 *bis*. Le pourvoi en cassation n'est pas suspensif en cette matière. (*V*. art. 34 de la loi.)

CHAPITRE VI.

CLOTURE ET PUBLICATION DÉFINITIVE DES LISTES.

Principe de la permanence des listes.

127. Nous avons successivement parcouru les périodes diverses établies par la loi pour la confection des listes électorales.

Du 1er *juin au* 15 *août*, révision des listes et publication au 15 août des listes revisées.

Du 15 *août au* 30 *septembre*, délai des réclamations contre la teneur des listes et publication de quinzaine en quinzaine de listes supplémentaires dressées sur les réclamations intervenues.

Du 30 *septembre au* 16 *octobre* s'opère le travail de la rédaction définitive des listes.

Au 20 *octobre*, publication de ces listes définitives.

128. Le préfet doit opérer les rectifications prononcées par les cours royales. (114 Code pénal.)

Si, par suite des radiations ordonnées, la liste des électeurs d'un arrondissement se trouve réduite à moins de 150[1], le préfet,

[1] Voyez art. 20.

en conseil de préfecture, complète ce nombre, en prenant les plus imposés de la liste supplémentaire arrêtée le 16 octobre et seulement jusqu'à épuisement de cette liste. (Art. 35 de la loi.)

129. Les listes publiées le 20 octobre ne peuvent être modifiées. Le droit qu'elles confèrent est irrévocablement attaché à la personne de l'électeur, jusqu'à la publication de l'année suivante au 20 octobre.

Jusque là, et à quelque époque que l'arrondissement puisse être appelé à élire un député, les électeurs inscrits ont le droit d'y concourir[1].

Le principe *de la permanence des listes* est fondamental dans la matière.(Art. 13 et 32.)

TITRE IV.

DE L'EXECICE DU DROIT ELECTORAL.

Division de la matière.

130. Le droit électoral s'exerce par le vote de l'électeur dans le collége de l'arrondissement de son domicile politique [1].

Il importe à l'électeur de connaître les conditions de l'éligibilité pour ne pas donner un suffrage inutile.

[1] Sauf le cas d'indignité. *V.* titre Ier.

131. L'examen sommaire de ces conditions fera l'objet d'un premier chapitre.

Nous nous occuperons ensuite :

1° Du cas où il y a lieu de convoquer les colléges électoraux. Du mode de leur convocation ;

2° De leur formation ;

3° De l'installation du bureau provisoire et de l'élection du bureau définitif ;

4° De l'élection du député.

Chacune de ces matières sera traitée dans un chapitre différent.

CHAPITRE PREMIER.

CONDITIONS D'ÉLIGIBILITÉ.

Elles sont relatives à l'âge, et à la quotité du cens.

132. L'art. 59 fixe l'âge de l'éligibilité à 30 ans et le cens à 500 francs.

Il rend communes au cens de l'éligible les dispositions de l'art. 7 relatives au cens électoral, ainsi que celles des articles 4, 5, 6, 7 et 9, concernant les attributions et délégations de contributions. (*V.* titre 1er.)

S'il n'y a pas dans un département cinquante personnes réunissant les conditions d'éligibilité, ce nombre est complété par l'adjonction des plus imposés. (Art. 59. Charte const. art. 33.)

[1] *V*, titre Ier, ch, 7, *Du Droit public.*

Les droits de l'éligible ne sont pas, comme ceux de l'électeur, renfermés dans les limites d'un arrondissement. Il peut être élu par quelque collége électoral que ce soit : élu par plusieurs arrondissements, il doit faire option, sinon le sort décide à quel arrondissement le député appartiendra. (Art. 62 et 63.)

Il y a cependant une restriction apportée à ce droit. Aux termes de l'art. 36 de la Charte constitutionnelle, la moitié au moins des députés doit être choisie parmi les éligibles qui ont leur domicile politique dans le département.

133. Certains citoyens, réunissant d'ailleurs toutes les conditions d'éligibilité, sont cependant, à raison de leur position, frappés d'une incapacité relative ou absolue.

Ainsi les préfets, sous-préfets, receveurs généraux et particuliers des finances et les payeurs ne peuvent être élus députés.

S'ils cessent leurs fonctions, ils ne sont éligibles dans les départements, arrondissements du ressort où ils les ont exercées, que six mois après leur cessation.

Les officiers généraux commandant les divisions ou subdivisions militaires, les procureurs généraux près les cours royales, les procureurs du roi, les directeurs des contributions directes ou indirectes, des domaines et enregistrement et des douanes dans les départements, ne pourront être élus députés par le collége électoral d'un arrondissement compris en tout ou en partie dans le ressort de leurs fonctions. (Art. 64.)

Cette incapacité subsiste six mois après la cessation de leurs fonctions.

CHAPITRE II.

DES CAS DE CONVOCATION DES COLLÉGES ÉLECTORAUX.

134. Les colléges électoraux ne forment pas des assemblées permanentes; ils sont convoqués pour un temps limité toutes les fois qu'il y a lieu de procéder à des élections générales ou partielles.

135. *Les élections générales* sont nécessitées par la dissolution de la Chambre des députés ou par l'expiration de ses pouvoirs.

136. *Les élections partielles* ont lieu dans tous les cas de vacance, par option, décès, démission ou autrement (art. 65); d'incompatibilité, d'acceptation de fonctions salariées qui, aux termes de la loi du 12 septembre 1830, soumet le député à la réélection; dans le cas où un département a élu des députés qui n'y sont pas domiciliés, hors des proportions prescrites par l'art. 36 de la Charte, et enfin lorsqu'une élection a été annulée par la Chambre des députés. (Art. 61.)

CHAPITRE III.

DE LA CONVOCATION ET DE LA FORMATION DES COLLÉGES ÉLECTORAUX.

137. Les colléges électoraux sont convoqués par une ordonnance royale qui fixe l'époque et le lieu de leur réunion.

Ils se réunissent dans la ville de l'arrondissement électoral ou administratif que le Roi désigne. (Art. 40.)

Il peut arriver que, dans un arrondissement qui contient plusieurs colléges électoraux, il n'y ait cependant qu'une ville ou qu'un bourg assez considérable pour que les électeurs puissent s'y réunir. Ces colléges, dans ce cas, pouront être convoqués dans la même ville, mais dans des lieux séparés.

138. La session des colléges ne peut excéder dix jours. (Art. 40.)

Il ne peuvent s'occuper d'autre objet que de l'élection des députés. Toute discussion, toute délibération leur sont interdites. (*Ibid.*)

La lecture d'un simple désistement de candidature n'équivaut pas à une délibération. (Cormenin, *Élections*, n° 16.)

139. Lorsque le nombre des électeurs composant le collége n'excède pas 600, ils sont réunis dans une seule assemblée.

Si ce nombre est supérieur, le collége est divisé en sections comprenant chacune rois cents électeurs au moins. Chaque section concourt directement à la nomination du député que le collége doit élire. (Art. 41.)

La division du collége en sections est faite par le préfet en conseil de préfecture, suivant l'ordre d'inscription sur la liste définitive. (Ord. 4 septembre 1820, n° 9309.) Ainsi, i la liste définitive comprend 600 électeurs, es 300 premiers numéros comprendront la remière section, la seconde sera formée des 00 derniers numéros.

140. Les électeurs sont avertis par des cares individuelles qui leur sont adressées à domicile par les préfets et les maires et qui ndiquent l'époque et le lieu de la réunion. Ord. 4 septembre 1820, art. 9.)

L'électeur qui ne recevrait pas cette carte 'en serait cependant pas moins réputé convoqué : il est légalement averti par la publication de l'ordonnance de convocation.

141. Il nous reste à expliquer les opérations intérieures du collége et les formalités réalables au dépôt des votes.

CHAPITRE IV.

DES BUREAUX PROVISOIRE ET DÉFINITIF.

SOMMAIRE.

Ier. Du bureau provisoire. — § II. Du bureau définitif.

142. Pour assurer la sincérité et la liberté des votes, pour arntir la proclamation fi-

dèle dessuffrages; enfin, pour maintenirl'ordreet la régularité nécessaire dans toute assemblée, la loi ou l'usage ont consacré certaines formes dont la connaissance est utile pour l'exercice du droit électoral.

La première et la plus essentielle de ces formalités est l'installation des bureaux composés d'un président chargé de la police de l'assemblée, d'un secrétaire chargé de dresser procès-verbal des opérations, et enfin de quatre scrutateurs chargés du dépouillement du scrutin.

§ 1er. *Du bureau provisoire.*

Salle d'assemblée. — Installation. — Forme du vote pour le bureau définitif.

143. Le bureau provisoire n'est pas le résultat de l'élection. L'assemblée, avant de se livrer à ses opérations, doit trouver un bureau tout formé qui puisse les diriger et les constater. La loi s'est donc chargée d'en désigner à l'avance tous les membres.

144. La présidence provisoire des colléges électoraux appartient, aux termes de l'art. 42, lorsque ces colléges s'assemblent dans une ville chef-lieu d'un tribunal, aux présidents, vice - présidents, juges et juges suppléants des tribunaux de première instance dans l'ordre du tableau.

Si les colléges s'assemblen dans une

ville autre que le chef-lieu du tribunal, ou si, attendu le nombre des colléges ou des sections, le nombre des juges est insuffisant, la présidence provisoire sera, à leur défaut, déférée au maire, à ses adjoints et successivement aux conseillers municipaux de la ville où se fait l'élection, aussi dans l'ordre du tableau. (Loi, avril 1830.)

Si le collége se divise en sections, ou s'il y a plusieurs colléges dans la même ville, le premier collége ou la première section est présidé provisoirement par le premier des fonctionnaires dans l'ordre du tableau, la seconde section ou le second collége par celui qui vient après, et successivement. (*Ibid.*)

Le premier collége est celui qui dans le tableau de la circonscription des arrondissements électoraux figure en tête des colléges compris dans le département.

La première section est celle composée de la première fraction des électeurs portés sur la liste électorale.

Le bureau de cette première section est le bureau central, c'est-à dire, celui où se fait le recensement des votes. (Instr. m. du 29 septembre 1830, art. 53 loi du 19 avril 1831). Le président de cette section est le président du collége. Ceux des autres sections portent le nom de vice-présidents du collége.

145. S'il y a dans la même ville plusieurs

colléges subdivisés en sections, la première section du premier collége sera présidée provisoirement par le fonctionnaire le plus élevé ou le plus ancien dans l'ordre du tableau ; la première section du second collége le sera par le deuxième; la seconde section du premier par le troisième ; la seconde section du deuxième collége par le quatrième et ainsi des autres.

Les quatre scrutateurs provisoires sont les deux électeurs les plus âgés et les deux plus jeunes inscrits sur la liste du collége ou de la section. (*Ibid.*)

Le président provisoire peut n'être pas électeur, auquel cas il n'a pas le droit de voter pour la formation du bureau définitif.

Il n'en est pas de même des scrutateurs, puisqu'ils sont pris comme on l'a dit, sur la liste électorale.

146. Le bureau provisoire ainsi constitué, se complète par l'adjonction d'un secrétaire que le bureau choisit lui-même. (*Ibid.*)

Ce dernier membre peut aussi n'être pas électeur. Il n'a d'ailleurs que voix consultative, c'est-à-dire, que s'il s'élève quelque difficulté sur laquelle le bureau ait à statuer, sa voix ne compte que comme un simple avis dans la délibération, mais il a droit, s'il est électeur, de voter pour la formation du bureau définitif et pour l'élection du député.

147. Nous avons dû, avant tout, faire connaître la composition du bureau provisoire, puisqu'il est formé par la loi elle-même et qu'il n'est pas l'œuvre du collége électoral. Nous pouvons maintenant faire entrer l'électeur dans le sein du collége; mais avant de passer à l'examen des formalités à suivre pour l'élection du bureau définitif, nous devons entrer dans quelques explications de détail sur la tenue des séances, sur la disposition intérieure des lieux, afin de mener l'électeur en quelque sorte par la main depuis son introduction dans l'enceinte de l'assemblée jusqu'au dépôt de son vote dans l'urne électorale et jusqu'à la proclamation des suffrages et à l'élection du député.

148. La salle des séances s'ouvre à huit heures précises du matin.

En avant du bureau où doivent siéger les président, scrutateurs et secrétaire, est placée une table entièrement séparée de ce bureau, et sur laquelle les électeurs écriront leur vote. (Inst. m. du 29 septembre 1830, et loi du 19 avril 1831, art. 48 *in fine*.)

Cette disposition a pour objet de garantir l'indépendance et le secret des votes, en isolant l'électeur de l'influence du bureau.

La table placée devant le président et les scrutateurs, c'est-à-dire le bureau, sera disposée de telle sorte que les électeurs puissent circuler alentour pendant le dépouillement du scrutin. (Art. 49 et Instr. min. précitée.)

Les électeurs peuvent ainsi surveiller le dépouillement du scrutin et s'assurer de la fidélité des scrutateurs.

149. La liste des électeurs de l'arrondissement doit rester affichée dans la salle des séances pendant le cours des opérations. (Art. 43.)

L'instruction min. du 29 septembre porte qu'indépendamment de cette liste, doivent être aussi affichées dans la salle la liste des 20 électeurs les plus âgés et celle des 20 plus jeunes avec indication de la date de leur naissance, et la liste des éligibles du département.

Les deux premières listes sont en effet utiles pour faciliter la prompte installation du bureau provisoire.

Quant à la troisième, elle fait connaître à l'électeur les personnes sur lesquelles peuvent porter son suffrage, sans cependant le circonscrire, puisqu'ainsi que nous l'avons vu plus haut, on peut élire pour député un individu domicilié hors du département.

Ces mêmes listes auront été envoyées au président provisoire [1].

[1] L'instruction ministérielle du 29 septembre 1830 attribue au maire une mission qui, depuis la loi du 19 avril 1831, qui désigne le président

150. Le président provisoire se trouvera à huit heures dans la salle du collége ; il se placera au bureau et y déposera les listes dont il vient d'être fait mention, ainsi que l'ordonnance de convocation du collége, le recueil des lois et ordonnances sur les élections et l'inst. min. du 29 septembre 1830.

Dès que trente électeurs seront présents et, au plus tard à 9 heures du matin, quel que soit le nombre des électeurs présents, le président donnera lecture de l'ordonnance de convocation; puis il appellera les électeurs les plus âgés sur la liste dressée à cet effet, où ils seront inscrits par ordre, en descendant du plus âgé au plus jeune, les deux premiers qui répondront à l'appel prendront place au bureau comme premier et second scrutateurs.

On procède ensuite de la même manière à l'appel des deux plus jeunes électeurs, qui prennent place au bureau comme troisième et quatrième scrutateurs.

Si quelqu'un des électeurs présents inscrit sur l'une ou l'autre liste ne peut, par

provisoire, appartient évidemment à ce dernier. En suivant donc cette instruction, qui nous semble applicable sous l'empire de la loi nouvelle comme sous les lois antérieures, nous avons substitué le président provisoire au maire partout où l'instruction ministérielle fait agir ce dernier.

quelque cause que ce soit, remplir les fonctions de scrutateur, il doit le déclarer aussitôt. Il est considéré comme absent.

Si l'appel des deux listes ne suffit pas pour compléter le bureau provisoire, le président invite les électeurs présents, les plus âgés ou les plus jeunes en dehors des deux listes, à venir prendre place au bureau. L'époque de leur naissance est par eux déclarée, il en est fait mention au procès-verbal.

151. Les président et scrutateurs provisoires nomment immédiatement, à la majorité des voix, un des électeurs pour faire les fonctions de secrétaire.

Le bureau provisoire ainsi formé ne peut plus être modifié, lors même qu'il arriverait dans le cours de la séance des électeurs plus âgés ou plus jeunes que ceux qui siégent déjà au bureau.

Trois membres au moins du bureau seront toujours présents. (Art. 45.)

Il faut en effet que le bureau soit toujours en nombre suffisant pour recevoir les réclamations et statuer sur les difficultés qui peuvent s'élever dans le cours des opérations.

Le secrétaire provisoire ouvre aussitôt le procès-verbal et y consigne les opérations qui ont eu lieu jusqu'alors.

Ces préliminaires terminés, il est procédé à l'élection du bureau définitif.

152. Nul ne pourra être admis à voter,

soit pour la formation du bureau définitif, soit pour l'élection du député, s'il n'est inscrit sur la liste affichée dans la salle et remise au président. (Art. 46.)

La présentation de la carte dont l'électeur doit être porteur, dispense d'une recherche qui absorberait un temps précieux; mais l'électeur qui aurait oublié sa carte pourrait sans aucun doute se faire admettre après avoir fait constater son identité et son inscription sur la liste.

Il y a toutefois deux exceptions posées par les art. 46 et 34 de la loi. L'électeur, même retranché provisoirement de la liste, peut se faire admettre sur la représentation d'un arrêt de la cour royale, ordonnant son inscription sur la liste électorale, ou en justifiant qu'il est en instance, soit devant le préfet, soit devant la cour pour se faire rétablir sur la liste. Mais, dans ce dernier cas, il ne suffit pas qu'il rapporte la preuve de la demande formée; il faut encore qu'il y joigne un certificat des secrétaires de la préfecture ou du greffier de la cour, constatant qu'aucune décision n'est intervenue sur sa demande. (Duvergier, tome 31.)

153. Le président fait faire un appel des électeurs. Chacun d'eux vient successivement au bureau, reçoit du président un bulletin ouvert où il écrit, ou fait écrire secrètement son vote par un électeur de son choix sur la table préparée à cet effet. Il remet ensuite son

bulletin écrit et fermé au président qui le dépose dans la boîte destinée à cet usage. (Art. 48.)

Avant de voter pour la première fois, l'électeur prête entre les mains du président le serment prescrit par la loi du 30 août 1830. (Art. 47).

En voici la formule :

Je jure fidélité au Roi des Français, obéissance à la Charte constitutionnelle et aux Lois du Royaume.

A mesure que chaque électeur dépose son bulletin, un des scrutateurs ou le secrétaire constate ce vote en écrivant son propre nom en regard de celui du votant, sur une liste à ce destinée et qui contient les noms et qualifications de tous les membres du collége ou de la section. (Art. 50.)

Cette liste préparée à l'avance est déposée sur le bureau ; elle contient autant de colonnes en blanc qu'il y a de tours de scrutin. On la dresse le plus souvent à deux ou même à quatre exemplaires pour pouvoir faire voter simultanément deux ou quatre électeurs dont les scrutateurs constatent aussi simultanément les votes, ainsi qu'il vient d'être dit.

154. Après le dépôt des votes faits sur le premier appel, le président fait un réappel des électeurs qui n'ont pas voté.

Ceux qui se présentent sur le réappel

votent en suivant les formalités que nous venons d'indiquer.

Ceux qui n'ont répondu à aucun des deux appels doivent néanmoins être admis à voter s'ils se présentent avant la clôture du scrutin.

155. Chaque scrutin doit rester ouvert pendant six heures au moins. Il est clos à trois heures du soir et dépouillé séance tenante.

Si cependant les opérations se prolongeant, ou, la séance ayant été ouverte après huit heures du matin, il y a nécessité, pour que le scrutin reste ouvert pendant six heures, de ne le clore qu'après trois heures, rien n'empêche qu'il ne soit clos qu'à quatre ou cinq heures. (Inst. min. 29 septemb. Décis. Ch. des députés. Gay Lussac, 28 juillet 1831.)

Le président, après avoir prononcé la clôture du scrutin, fait d'abord constater le nombre des votants au moyen de la feuille d'inscription.

156. On procède alors de la manière suivante au dépouillement du scrutin.

La boîte du scrutin est ouverte par le président qui vérifie si le nombre des bulletins est égal au nombre des votants. S'il en est autrement, le bureau décide, suivant les circonstances, de la validité de l'opération.

Il est fait mention du tout sur le procès-verbal.

L'incident vidé, ou s'il ne s'en présente au

cun, le président ordonne le dépouillement du scrutin.

157. Un des scrutateurs prend successivement chaque bulletin, le déploie, le remet au président qui en fait lecture à haute voix, et le passe à un autre scrutateur.

Le bureau raye de tout bulletin les derniers noms inscrits au delà de ceux qu'il doit contenir;

Les noms qui ne désigneraient pas clairement l'individu auquel ils s'appliquent.

Les difficultés qui peuvent naître du dépouillement du scrutin sont jugées, par le bureau, séance tenante.

158. Le bureau définitif est élu à la majorité simple. (Art. 44.) En conséquence, au premier tour de scrutin, l'électeur qui a obtenu le plus grand nombre de voix est nommé président. Les autres électeurs qui ont eu le plus de suffrages sont nommés scrutateurs.

Si deux électeurs obtiennent le même nombre de suffrages, le plus âgé aura la préférence.

Le résultat de chaque scrutin est immédiatement rendu public (Art. 51.) Aussitôt après le dépouillement, les bulletins sont brûlés en présence du collége. (Art. 52.)

Dans les colléges divisés en plusieurs sections, le dépouillement du scrutin se fait dans chaque section. Le résultat en est paraphé et signé par le bureau. Il est immédiatement porté par le président de chaque section au bureau central qui fait, en présence de tous les présidents des sections, le recensement général des votes.

Le président provisoire lève alors la séance et l'ajourne au lendemain ; car il ne peut y avoir qu'une séance par jour et qu'un seul scrutin par séance. (Art. 57.)

159. Cependant si un scrutin était annulé pour une cause quelconque, et notamment parce qu'un électeur aurait voté sans avoir prêté serment, et qu'il eût été procédé le même jour à une nouvelle élection, cette élection ne seraitpas nulle (Ch. des députés, Drée, 26 juillet 1831.)

§ II. *Du bureau définitif.*

Installation. — Mission du bureau. — Attributions du président.

160. Le second jour de la session, l'élection du bureau définitif une fois consommée, le président provisoire ouvre la séance. Il fait donner lecture du procès-verbal de la séance précédente, puis il appelle au bureau les président et scrutateurs élus. Ceux-ci nomment le secrétaire, et le président fait connaître à l'assemblée le choix du bureau.

161. Le bureau définitif ainsi installé, le président prévient les électeurs qu'ils ont un député à élire.

Il leur rappelle que leurs suffrages peuvent s'adresser à tout individu domicilié ou non dans le département, pourvu qu'il soit Français, qu'il ait 30 ans d'âge et qu'il paie 500 fr. de contributions directes, sous la limite posée à cette faculté par l'art. 36 de la Charte.

162. Indépendamment des fonctions qui lui appartiennent, comme membre du bureau, le président a, seul, la police de l'assemblée. (Art. 45.)

Si donc des personnes étrangères au collége s'y sont introduites, il a le droit de les inviter à se retirer et même de les y contraindre par l'emploi de la force.

Il peut en effet requérir les autorités civiles et les commandants militaires qui sont tenus de lui obéir.

163. Si une discussion s'élève dans le sein du collége, si un électeur fait une motion étrangère à l'élection, le président doit rappeler l'électeur et l'assemblée à l'observation de l'art. 40, qui prescrit aux électeurs de s'occuper uniquement de l'élection du député, et leur interdit toute discussion et toute délibération.

En cas de résistance à ces injonctions, le président lèvera la séance et ajournera au lendemain. Les électeurs seront forcés de se séparer à l'instant. (Instruction ministérielle.)

Le président veillera aussi à ce que nul électeur ne se présente armé dans le collége, conformément à l'art. 58.

164. Les fonctions du bureau définitif, comme celles du bureau provisoire, consistent à recevoir les votes, à en opérer le dépouillement, et à en proclamer le résultat. Les règles sont les mêmes.

Nous avons vu que s'il se présente des difficultés, s'il s'élève des réclamations, c'est le bureau qui les juge, aussi trois membres au moins doivent toujours être présents.

162. Le bureau délibère à part; sa décision, prise à la majorité des voix, est proclamée par le président.

166. Toutefois, la solution du bureau n'est que provisoire : la chambre des députés conserve toujours le droit de valider ou d'infirmer l'élection, sans être liée par la décision du bureau. (Art. 45.)

Il est fait mention au procès-verbal de l'incident et de sa solution. Les pièces et bulletins y relatifs sont paraphés par les membres du bureau et annexés au procès-verbal.

167. Le bureau ne peut ni admettre à voter un citoyen qui ne serait pas porté sur la liste affichée dans la salle, hors les cas prévus par les art. 34 et 46 de la loi, ni refuser d'admettre au vote un citoyen qui y serait porté, quelque réclamation qui puisse s'élever contre lui. L'inscription sur la liste est, à l'égard du bureau, le seul titre, mais aussi un titre complet pour l'électeur.

Que s'il s'élève à cet égard des protestations, il en est fait mention au procès-verbal, et la chambre des députés reste juge souverain et exclusif de la capacité de l'électeur, inscrit ou non inscrit.

168. Quand le collége est divisé en sections, le bureau de chaque section statue sur les difficultés qui s'élèvent à l'occasion de son scrutin. Si cependant la difficulté est de nature à influer sur le recensement, elle est portée au bureau central, celui où se fait, comme nous l'avons vu, le recensement des votes.

CHAPITRE V.

DE L'ÉLECTION DU DÉPUTÉ.

169. La majorité absolue élit le bureau définitif. Les règles de l'élection du député sont différentes.

170. Nul n'est élu à l'un des deux premiers tours de scrutin, s'il ne réunit plus du tiers des voix de la totalité des membres qui composent ce collége, et plus de la moitié des suffrages exprimés.

Pour constater l'accomplissement de la première de ces conditions, on mentionne au procès-verbal le nombre total des membres composant ce collége.

Les billets blancs ne sont pas comptés parmi les suffrages exprimés. (Instruction minist.)

171. Si le premier tour de scrutin n'amène pas la double condition voulue par la loi, on procède à un second tour de scrutin : si celui-ci est également stérile, comme cet état de choses pourrait se prolonger indéfiniment sans résultat, on procède alors de la manière suivante :

Après les deux premiers tours de scrutin, le bureau proclame le nom des deux candidats qui ont obtenu le plus de suffrages, et, au troisième tour de scrutin, les suffrages ne peuvent être valablement donnés qu'à l'un de ces deux candidats. (Art. 55.)

La nomination a lieu à la pluralité des votes exprimés. (*Ibid.*)

En cas d'égalité de suffrages, le plus âgé obtient la préférence. (Art. 56.)

172. Nous avons vu plus haut comment, lorsqu'il y a plusieurs sections de collége, le recensement général des votes doit se faire dans la première section.

173. Le président proclame le résultat du scrutin. Après quoi, il lève la séance.

Le lendemain du jour où l'élection est terminée, le président du collége, après avoir fait donner lecture du procès-verbal de la séance précédente, prononce la séparation du collége.

Il la prononcerait également le 10e jour au soir, si les opérations n'étaient pas terminées. (Art. 57.)

174. Immédiatement après la clôture,

le président adresse au préfet du département les deux minutes du procès-verbal du collége.

L'une des deux minute restes déposée aux archives de la Préfecture, l'autre est envoyée par le préfet au ministre de l'intérieur qui la transmet aux questeurs de la Chambre des députés.

APPENDICE.

Loi du 19 avril 1831 sur les Élections à la Chambre des députés.

TITRE Ier.

Des capacités électorales.

ART. 1. Tout Français jouissant des droits civils et politiques, âgé de vingt ans accomplis, et payant deux cents francs de contributions directes, est électeur, s'il remplit d'ailleurs les autres conditions fixées par la présente loi.

2. Si le nombre des électeurs d'un arrondissement électoral ne s'élève pas à cent cinquante, ce nombre sera complété, en appelant les citoyens les plus imposés au dessous de deux cents francs.

Lorsqu'en vertu du paragraphe précédent, les citoyens payant une quotité de contribution égale se trouveront appelés concurremment à compléter la liste des électeurs, les plus âgés seront inscrits jusqu'à concurrence du nombre déterminé par ledit article.

3. Sont en outre électeurs, en payant cent francs de contributions directes,

1° Les membres et correspondants de l'Institut;

2° Les officiers des armées de terre et de mer,

jouissant d'une pension de retraite de douze cents francs au moins, et justifiant d'un domicile réel de trois ans dans l'arrondissement électoral.

Les officiers en retraite pourront compter, pour compléter les douze cents francs ci-dessus, le traitement qu'ils toucheraient comme membres de la Légion-d'Honneur.

4. Les contributions directes qui confèrent le droit électoral sont : la contribution foncière, les contributions personnelle et mobilière, la contribution des portes et fenêtres, les redevances fixes et proportionnelles des mines, l'impôt des patentes, et les suppléments d'impôts de toute nature connus sous le nom de centimes additionnels.

Les propriétaires des immeubles temporairement exemptés d'impôts pourront les faire expertiser contradictoirement et à leurs frais, pour en constater la valeur de manière à établir l'impôt qu'ils paieraient, impôt qui alors leur sera compté pour les faire jouir des droits électoraux.

La patente sera comptée à tout médecin ou chirurgien employé dans un hôpital, ou attaché à un établissement de charité, et exerçant gratuitement ses fonctions, bien que, par suite de ces mêmes fonctions, il soit dispensé de la payer.

5. Le montant du droit annuel de diplôme, établi par l'article 29 du décret du 17 septembre 1808, sera compté dans le cens électoral des chefs d'institution et des maîtres de pension, tant que les lois annuelles sur les finances continueront à en autoriser la perception.

Les chefs d'institution et les maîtres de pension justifieront de leur qualité par la représentation de leur diplôme ; ils justifieront du paiement du droit par la représentation de la quittance que leur aura délivrée le comptable chargé de la perception de ce droit.

Le montant de ce droit annuel ne sera compté dans le cens électoral des chefs d'institution et des maîtres de pension qu'autant que leur diplôme aura au moins une année de date à l'époque de la clôture de la liste électorale.

6. Pour former la masse des contributions nécessaires à la qualité d'électeur, on comptera à chaque Français les contributions directes qu'il paie dans tout le royaume; au père, les contributions des biens de ses enfants mineurs dont il aura la jouissance; et au mari, celles de sa femme, même non commune en biens, pourvu qu'il n'y ait pas séparation de corps.

L'impôt des portes et fenêtres des propriétés louées est compté, pour la formation du cens électoral, aux locataires ou fermiers.

Les contributions foncière, des portes et fenêtres, et des patentes, payées par une maison de commerce composée de plusieurs associés, seront, pour le cens électoral, partagées par égales portions entre les associés, sans autre justification qu'un certificat du président du tribunal de commerce, énonçant les noms des associés. Dans le cas où l'un des associés prétendrait à une part plus élevée, soit parce qu'il serait seul propriétaire des immeubles, soit à tout autre titre, il sera admis à en justifier devant le préfet en produisant ses titres.

7. Les contributions foncière, personnelle et mobilière, ainsi que des portes et fenêtres, ne sont comptées que lorsque la propriété foncière aura été possédée, ou la location faite antérieurement

aux premières opérations de la révision annuelle des listes électorales. Cette disposition n'est point applicable au possesseur à titre successif ou par avancement d'hoirie. La patente ne comptera que lorsqu'elle aura été prise, et l'industrie exercée un an avant la clôture de la liste électorale.

8. Les contributions directes payées par une veuve, ou par une femme séparée de corps ou divorcée, seront comptées à celui de ses fils, petits-fils, gendres ou petits-gendres qu'elle désignera.

9. Tout fermier à prix d'argent ou de denrées qui, par bail authentique d'une durée de neuf ans au moins, exploite par lui-même une ou plusieurs propriétés rurales, a droit de se prévaloir du tiers des contributions payées par lesdites propriétés, sans que ce tiers soit retranché au cens électoral du propriétaire.

Dans les départements où le domaine congéable est usité, il sera procédé de la manière suivante pour la répartition de l'impôt entre le propriétaire foncier et le colon :

1° Dans les tenues composées uniquement de maisons ou usines, les six huitièmes de l'impôt seront comptés au colon, et deux huitièmes au propriétaire foncier ;

2° Dans les tenues composées d'édifices et de terres labourables ou prairies et formant ainsi un corps d'exploitation rurale, cinq huitièmes compteront au propriétaire et trois huitièmes au colon ;

3° Enfin, dans les tenues sans édifices, dites tenues sans étage, six huitièmes seront comptés au propriétaire et deux huitièmes seulement au colon, sauf, dans tous les cas, la faculté aux parties intéressées de demander une expertise aux frais de celle qui la requerra.

TITRE II.

Du domicile politique.

10. Le domicile politique de tout Français est dans l'arrondissement électoral où il a son domicile réel ; néanmoins, il pourra le transférer dans tout autre arrondissement électoral, où il paie une contribution directe, à la charge d'en faire, six mois d'avance, une déclaration expresse au greffe du tribunal civil de l'arrondissement électoral où il aura son domicile politique actuel, et au greffe du tribunal civil de l'arrondissement électoral où il voudra le transférer : cette double déclaration sera soumise à l'enregistrement. Dans le cas où un électeur aura séparé son domicile politique de son domicile réel, la translation de son domicile réel n'emportera pas le changement de son domicile politique, et ne le dispensera pas des déclarations ci-dessus prescrites, s'il veut le réunir à son domicile réel.

11. Nul individu appelé à des fonctions publiques, temporaires ou révocables, n'est dispensé de la susdite formalité ; les individus appelés à des fonctions inamovibles pourront exercer leur droit électoral dans l'arrondissement où ils remplissent leurs fonctions.

12. Nul ne peut exercer le droit d'électeur dans deux arrondissements électoraux.

TITRE III.

Des listes électorales.

13. La liste des électeurs dont le droit dérive de leurs contributions, et la liste des électeurs appelés en vertu de l'art. 3 sont permanentes, sauf les radiations et inscriptions qui peuvent avoir lieu lors de la révision annuelle. Cette révision annuelle sera faite conformément aux dispositions suivantes :

14. Du 1er au 10 juin de chaque année, et aux jours qui seront indiqués par les sous-préfets, les maires des communes composant chaque canton se réuniront à la mairie du chef-lieu, sous la présidence du maire, et procéderont à la révision de la portion des listes mentionnées à l'article précédent, quicomprendra les électeurs de leur canton appelés à faire partie de ces listes. Ils se feront assister des percepteurs du canton.

15. Dans les villes qui forment à elles seules un canton, ou qui sont partagées en plusieurs cantons, la révision des listes sera faite par le maire et les trois plus anciens membres du conseil municipal, selon l'ordre du tableau. Les maires des communes qui dépendraient de l'un des cantons, prendront part également à cette révision, sous la présidence du maire de la ville.

A Paris, les maires des douze arrondissements, assistés des percepteurs, procéderont à la révision sous la présidence du doyen de réception.

16. Le résultat de cette opération sera transmis au sous-préfet qui, avant le 1er juillet, l'adressera avec ses observations au préfet du département.

17. A partir du 1er juillet, le préfet procédera à la révision générale des listes.

18. Le préfet ajoutera aux listes les citoyens qu'il reconnaîtra avoir acquis les qualités requises par la loi et ceux qui auraient été précédemment omis.

Il en retranchera :

1° Les individus décédés;

2° Ceux dont l'inscription aura été déclarée nulle par les autorités compétentes.

Il indiquera comme devant être retranchés :

1° Ceux qui auront perdu les qualités requises;

2° Ceux qu'il reconnaîtrait avoir été indûment inscrits, quoique leur inscription n'ait point été attaquée.

Il tiendra un registre de toutes ces décisions.

Il fera mention de leurs motifs et de toutes les pièces à l'appui.

19. Les listes de l'arrondissement électoral, ainsi rectifiées par le préfet, seront affichées, le 15 août, au chef-lieu de chaque canton et dans les communes dont la population sera au moins de six cents habitants. Elles seront déposées, 1° au secrétariat de la mairie de chacune de ces communes; 2° au secrétariat de la préfecture, pour être données en communication à toutes les personnes qui le requerront.

La liste des contribuables électeurs contiendra, en regard du nom de chaque individu inscrit, la date de sa naissance et l'indication des arrondissements de perception où sont assises ses contributions propres ou déléguées, ainsi que la quotité et l'espèce de contributions pour chacun des arrondissements.

La liste des électeurs désignés par l'art. 3 contiendra, en outre, en regard du nom de chaque individu, la date de l'espèce du titre qui lui confère le titre électoral, et l'époque de son domicile réel.

Le préfet inscrira sur cette liste ceux des individus qui, n'ayant pas atteint, au 15 août, les conditions relatives à l'âge, au domicile et à l'inscription sur le rôle de la patente, les acquerront avant le 21 octobre, époque de la clôture de la révision annuelle.

20. S'il y a moins de cent cinquante électeurs inscrits, le préfet ajoutera, sur la liste qu'il publiera le 15 août, les citoyens payant moins de deux cents francs, qui devront compléter le nombre de cent cinquante conformément au § 1 de l'article 2.

Toutes les fois que le nombre des électeurs ne s'élèvera pas au delà de cent cinquante, le préfet publiera, à la suite de la liste électorale, une liste complémentaire dressée dans la même forme et contenant les noms des dix citoyens susceptibles d'être appelés à compléter le nombre de cent cinquante, par suite des changements qui surviendraient ultérieurement dans la composition du collége dans les cas prévus par les art. 30, 32 et 35.

21. La publication prescrite par les articles 19 et 20 tiendra lieu de notification des décisions intervenues aux individus dont l'instruction aura été ordonnée.

Les décisions provisoires du préfet, qui indiquent ceux dont le nom devrait être retranché comme ayant été indûment inscrit, ou comme ayant perdu les qualités requises, seront notifiées, dans les dix jours, à ceux qu'elles concernent, ou au domicile qu'ils sont tenus d'élire dans le département pour l'exercice de leurs droits électoraux, s'ils n'y ont pas leur domicile réel, et, à défaut de domicile élu, à la mairie de leur domicile politique.

Cette notification, et toutes celles qui doivent avoir lieu aux termes de la présente loi, seront faites suivant le mode employé jusqu'à présent pour les jurés, en exécution de l'art. 389 du code d'instruction criminelle.

22. Après la publication de la liste rectifiée, il ne pourra plus y être fait de changement qu'en vertu de décisions rendues par le préfet en conseil de préfecture, dans les formes ci-après

23. A compter du 15 août, jour de la publication, il sera ouvert, au secrétariat général de la préfecture, un registre coté et paraphé par le préfet, sur lequel seront inscrites, à la date de leur présentation, et suivant un ordre de numéros, toutes les réclamations concernant la teneur des listes. Ces réclamations seront signées par le réclamant ou par son fondé de pouvoir.

Le préfet donnera récépissé de chaque réclamation et des pièces à l'appui. Le récépissé énoncera la date et le numéro de l'enregistrement.

24. Tout individu qui croirait avoir à se plaindre, soit d'avoir été indûment inscrit, omis ou rayé, soit de toute autre erreur commise à son égard dans les rédactions des listes, pourra, jusqu'au 30 septembre inclusivement, présenter sa réclamation, qui devra être accompagnée de pièces justificatives.

25. Dans le même délai, tout individu inscrit sur les listes d'un arrondissement électoral pourra réclamer l'inscription de tout citoyen qui n'y sera pas porté, quoique réunissant les quali-

tés nécessaires, la radiation de tout individu qu'il prétendrait indûment inscrit, ou la rectification de toute autre erreur commise dans la rédaction des listes.

Ce même droit appartiendra à tout citoyen inscrit sur la liste des jurés non électeurs de l'arrondissement.

26. Aucune des demandes énoncées en l'article précédent ne sera reçue, lorsqu'elle sera formée par des tiers, qu'autant que le réclamant y joindra la preuve qu'elle a été par lui notifiée à la partie intéressée, laquelle aura dix jours pour y répondre, à partir de celui de la notification.

27. Le préfet statuera en conseil de préfecture sur les demandes dont il est fait mention aux art. 24 et 25 ci-dessus, dans les cinq jours qui suivront leur réception, quand elles seront formées par les parties elles-mêmes ou par leurs fondés de pouvoirs; et dans les cinq jours qui suivront l'expiration du délai fixé par l'art. 26, si elles sont formées par des tiers. Ses décisions seront motivées.

La communication, sans déplacement, des pièces respectivement produites sur les questions et contestations, devra être donnée à toute partie intéressée qui la requerra.

28. Les articles 23, 24, 25, 26 et 27 ci-dessus sont applicables à la liste supplémentaire, prescrite par le dernier paragraphe de l'art. 20.

29. Il sera publié tous les quinze jours un tableau de rectification conformément aux décisions rendues dans cet intervalle, et présentant les indications mentionnées en l'art. 19.

Aux termes de l'art. 21, la publication de ces tableaux de rectification tiendra lieu de notification aux individus dont l'inscription aura été ordonnée ou rectifiée.

Les décisions portant refus d'inscription, ou prononçant des radiations, seront notifiées, dans les cinq jours de leur date, aux individus dont l'inscription ou la radiation aura été réclamée par eux ou par des tiers.

Les décisions rejetant les demandes en radiation ou en rectification seront notifiées dans le même délai, tant au réclamant qu'à l'individu dont l'inscription aura été contestée.

30. Le préfet en conseil de préfecture apportera, s'il y a lieu, à la liste électorale, en dressant les tableaux de rectification, les changements nécessaires pour maintenir le collége au complet de cent cinquante électeurs. Il maintiendra également la liste supplémentaire au nombre de dix suppléants.

31. Le 16 octobre, le préfet procédera à la clôture des listes. Le dernier tableau de rectification, l'arrêté de clôture des listes des colléges électoraux du département seront publiés et affichés le 20 du même mois.

32. La liste restera, jusqu'au 20 octobre de l'année suivante, telle qu'elle aura été arrêtée conformément à l'article précédent, sauf néanmoins les changements qui y seront ordonnés par des arrêts rendus dans la forme déterminée par les articles ci-après, et sauf aussi la radiation des noms et des électeurs décédés, ou privés des droits civils ou politiques par jugements ayant acquis force de chose jugée.

L'élection, à quelque époque de l'année qu'elle ait lieu, se fera sur ces listes.

33. Toute partie qui se croira fondée à con-

tester une décision rendue par le préfet pourra porter son action devant la cour royale du ressort et y produire toute pièce à l'appui.

L'exploit introductif d'instance devra, sous peine de nullité, être notifié dans les dix jours, quelle que soit la distance des lieux, tant au préfet qu'aux parties intéressées.

Dans les cas où la décision du préfet aurait rejeté une demande d'inscription formée par un tiers, l'action ne pourra être intentée que par l'individu dont l'inscription aurait été réclamée.

La cause sera jugée sommairement, toutes affaires cessantes, et sans qu'il soit besoin du ministère d'avoué. Les actes judiciaires auxquels elle donnera lieu seront enregistrés gratis. L'affaire sera rapportée en audience publique par un des membres de la cour, et l'arrêt sera prononcé après que la partie ou son défenseur et le ministère public auront été entendus.

S'il y a pourvoi en cassation, il sera procédé sommairement et toutes affaires cessantes, comme devant la cour royale, avec la même exemption du droit d'enregistrement, sans consignation d'amende.

34. Les réclamations portées devant les préfets en conseil de préfecture, et les actions intentées devant les cours royales par suite d'une décision qui aura rayé un individu de la liste auront un effet suspensif.

35. Le préfet, sur la notification de l'arrêt intervenu, fera sur la liste la rectification qui aura été prescrite.

Si, par suite de la radiation prescrite par arrêt de la cour royale, la liste se trouve réduite à moins de cent cinquante, le préfet en conseil de préfecture complétera ce nombre, en prenant les plus imposés de la liste supplémentaire arrêtée le 16 octobre, et seulement jusqu'à épuisement de cette liste.

36. Les percepteurs des contributions directes seront tenus de délivrer sur papier libre, et moyennant une rétribution de vingt-cinq centimes par extrait de rôle concernant le même contribuable, à toute personne portée au rôle, l'extrait relatif à ses contributions, et à tout individu qualifié comme il est dit à l'art. 25 ci-dessus, tout certificat négatif ou tout extrait des rôles des contributions.

37. Il sera donné communication des listes annuelles et des tableaux de rectification à tous les imprimeurs qui voudront en prendre copie. Il leur sera permis de les faire imprimer sous tel format qu'il leur plaira choisir, et de les mettre en vente.

TITRE IV.

Des colléges électoraux.

38. La Chambre des députés est composée de quatre cent cinquante-neuf députés.

39. Chaque collége électoral n'élit qu'un député.

Le nombre des députés de chaque département et la division des départements en arrondissements électoraux, sont réglés par le tableau ci-joint, faisant partie de la présente loi.

40. Les colléges électoraux sont convoqués par le roi. Ils se réunissent dans la ville de l'arrondissement électoral ou administratif que le roi désigne. Ils ne peuvent s'occuper d'autres objets que

de l'élection des députés; toute discussion, toute délibération, leur sont interdites.

41. Les électeurs se réunissent en une seule assemblée dans les arrondissements électoraux où leur nombre n'excède pas six cents.

Dans les arrondissements où il y a plus de six cents électeurs, le collége est divisé en sections, chaque section comprend trois cents électeurs au moins, et concourt directement à la nomination du député que le collége doit élire.

42. Les présidents, vice-présidents, juges et juges suppléants des tribunaux de première instance, dans l'ordre du tableau, auront la présidence provisoire des colléges électoraux, lorsque ces colléges s'assembleront dans une ville chef-lieu d'un tribunal. Lorsqu'ils s'assembleront dans une autre ville, comme dans le cas où, attendu le nombre des colléges ou des sections, celui des juges serait insuffisant, la présidence provisoire sera, à leur défaut, déférée au maire, à ses adjoints, et successivement aux conseillers municipaux de la ville où se fait l'élection, aussi dans l'ordre du tableau.

Si le collége se divise en sections, la première sera présidée provisoirement par le premier des fonctionnaires dans l'ordre du tableau; la seconde le sera par celui qui vient après, et successivement.

Si plusieurs colléges se réunissent dans la même ville, leur présidence provisoire sera déférée de la même manière et dans le même ordre que le serait celle des sections.

Si plusieurs colléges réunis dans la même ville se subdivisent en sections, la première du premier collége sera provisoirement présidée par le fonctionnaire le plus élevé ou le plus ancien dans l'ordre du tableau; la première section du second collége le sera par le deuxième; la seconde section du premier collége par le troisième; la seconde section du deuxième collége par le quatrième, et ainsi des autres.

Les deux électeurs les plus âgés et les deux plus jeunes inscrits sur la liste du collége ou de la section sont scrutateurs provisoires. Le bureau choisit le secrétaire qui n'a que voix consultative.

43. La liste des électeurs de l'arrondissement doit rester affichée dans la salle des séances pendant le cours des opérations.

44. Le collége ou la section élit à la majorité simple le président et les scrutateurs définitifs. Le bureau ainsi formé nomme un secrétaire, qui n'a que voix consultative.

45. Le président du collége ou de la section a seul la police de l'assemblée. Nulle force armée ne peut être placée, sans sa réquisition, dans la salle des séances ni au bord du lieu où se tient l'assemblée. Les autorités civiles et les commandants militaires sont tenus d'obéir à ses réquisitions.

Trois membres au moins du bureau seront toujours présents.

Le bureau prononce provisoirement sur les difficultés qui s'élèvent touchant les opérations du collége ou de la section. Toutes les réclamations sont insérées au procès-verbal, ainsi que les décisions motivées du bureau. Les pièces ou bulletins relatifs aux réclamations sont pararaphés par les membres du bureau, et annexés au procès-verbal.

La Chambre des députés prononce définitivement sur les réclamations.

46. Nul ne pourra être admis à voter, soit pour la formation du bureau définitif, soit pour l'élection du député, s'il n'est inscrit sur la liste affichée dans la salle et remise au président.

Toutefois, le bureau sera tenu d'admettre à voter ceux qui se présenteraient munis d'un arrêt de la cour royale déclarant qu'ils font partie du collége, et ceux qui justifieraient être dans le cas prévu par l'art. 34 de la présente loi.

47. Avant de voter pour la première fois, chaque électeur prête le serment prescrit par la loi du 31 août 1830.

48. Chaque électeur, après avoir été appelé, reçoit du président un bulletin ouvert, sur lequel il écrit ou fait écrire secrètement son vote par un électeur de son choix, sur une table disposée à cet effet, et séparée du bureau; puis il remet son bulletin écrit et fermé au président, qui le dépose dans la boîte destinée à cet usage.

49. La table placée devant le président et les scrutateurs sera disposée de telle sorte que les électeurs puissent circuler alentour pendant le dépouillement du scrutin.

50. A mesure que chaque électeur déposera son bulletin, un des scrutateurs, ou le secrétaire, constatera ce vote, en écrivant son propre nom en regard de celui du votant, sur une liste à ce destinée, et qui contiendra les noms et les qualifications de tous les membres du collége ou de la section.

Chaque scrutin reste ouvert pendant six heures au moins, et est clos à trois heures du soir, et dépouillé séance tenante.

51. Lorsque la boîte du scrutin aura été ouverte et le nombre des bulletins vérifiés, un des

scrutateurs prendra successivement chaque bulletin, le dépliera, le remettra au président, qui en fera lecture à haute voix, et le passera à un autre scrutateur ; le résultat de chaque scrutin est immédiatement rendu public.

52. Immédiatement après le dépouillement, les bulletins seront brûlés en présence du collége.

53. Dans les colléges divisés en plusieurs sections, le dépouillement du scrutin se fait dans chaque section ; le résultat en est arrêté et signé par le bureau ; il est immédiatement porté par le président de chaque section au bureau de la première section, qui fait, en présence de tous les présidents des sections, le recensement général des votes.

54. Nul n'est élu à l'un des deux premiers tours de scrutin, s'il ne réunit plus du tiers des voix de la totalité des membres qui composent le collége, et plus de la moitié des suffrages exprimés.

55. Après les deux premiers tours de scrutin, si l'élection n'est point faite, le bureau proclame les noms des deux candidats qui ont obtenu le plus de suffrages ; et, au troisième tour de scrutin, les suffrages ne pourront être valablement donnés qu'à l'un de ces deux candidats.

La nomination a lieu à la pluralité des votes exprimés.

56. Dans tous les cas où il y aura concours par égalité des suffrages, le plus âgé obtiendra la préférence.

57. La session de chaque collége est de dix jours au plus. Il ne peut y avoir qu'une séance et un seul scrutin par jour. La séance est levée im-

médiatement après le dépouillement du scrutin, sauf les décisions à porter par le bureau sur les réclamations qui lui sont présentées au sujet de ce dépouillement, et sur lesquelles il sera statué séance tenante.

58. Nul électeur ne peut se présenter armé dans un collége électoral.

TITRE V.

Des éligibles.

59. Nul ne sera éligible à la Chambre des députés, si, au jour de son élection, il n'est âgé de trente ans, et s'il ne paie cinq cents francs de contributions directes, sauf le cas prévu par l'art. 33 de la Charte.

Les dispositions de l'art. 7 sont applicables au cens d'éligibilité.

60. Les délégations et attributions de contributions, autorisées pour les droits électoraux par les art. 4, 5, 6, 8 et 9, le sont également pour le droit d'éligibilité.

61. La Chambre des députés est seule juge des conditions d'éligibilité.

62. Lorsque des arrondissements électoraux ont élu des députés qui n'ont pas leur domicile politique dans le département, en nombre plus grand que ne l'autorise l'article 36 de la Charte, la Chambre des députés tire au sort, entre ces arrondissements, celui ou ceux qui doivent procéder à une réélection.

63. Le député élu par plusieurs arrondissements électoraux sera tenu de déclarer son option à la Chambre dans le mois qui suivra la déclaration

de la validité des élections entre lesquelles il doit opter. A défaut d'option dans ce délai, il sera décidé par la voie du sort, à quel arrondissement ce député appartiendra.

64. Il y a incompatibilité entre les fonctions de députés et celles de préfets, sous-préfets, receveurs-généraux, receveurs particuliers des finances et de payeurs.

Les fonctionnaires ci-dessus désignés, les officiers généraux commandant les divisions ou subdivisions militaires, les procureurs-généraux près les cours royales, les procureurs du roi, les directeurs des contributions directes et indirectes, des domaines et enregistrement, et des douanes dans les départements, ne pourront être élus députés par le collége électoral d'un arrondissement compris en tout ou en partie dans le ressort de leurs fonctions.

Si, par démission ou autrement, les fonctionnaires ci-dessus quittaient leur emploi, ils ne seraient éligibles dans les départements, arrondissements ou ressorts dans lesquels ils ont exercé leurs fonctions, qu'après un délai de six mois, à dater du jour de la cessation des fonctions.

TITRE VI.

Dispositions générales.

65. En cas de vacances par option, décès, démission ou autrement, le collége électoral qui doit pourvoir à la vacance sera réuni dans le délai de quarante jours ; ce délai sera de deux mois pour le département de la Corse.

En cas d'élection, soit générale, soit partielle,

l'intervalle entre la réception de l'ordonnance de convocation du collége au chef-lieu du département et l'ouverture du collége sera de vingt jours au moins.

66. La Chambre des députés a seule le droit de recevoir la démission d'un de ses membres.

67. Les députés ne reçoivent ni traitement, ni indemnité.

68. Les dispositions de la présente loi sont applicables à la révision de la liste des jurés non électeurs, établie par les art. 1er et 2 de la loi du 2 mai 1827.

69. Il sera formé pour chaque arrondissement électoral, une liste des jurés non électeurs qui ont leur domicile réel dans cet arrondissement.

Le droit d'intervention des tiers relativement à cette liste appartient à tous les électeurs et à tous les jurés de l'arrondissement.

TITRE VII.

Articles transitoires.

70. Dans le cas où des élections, soit générales, soit partielles, auraient lieu avant le 21 octobre 1831, l'ordonnance de convocation des colléges sera publiée dans chaque arrondissement électoral au moins quinze jours avant celui qui sera fixé pour l'élection.

Dans le délai de quinze jours, à compter de la promulgation de la présente loi, l'inscription des citoyens qui auront acquis le droit électoral, soit en vertu de la législation antérieure, soit en vertu des dispositions de la présente loi, pourra être requise, soit par eux, soit par des tiers, conformément aux articles 24, 25 et 26.

Pendant cet espace de temps, le registre prescrit par l'art. 23 sera ouvert, et les réquisitions prévues par le précédent paragraphe y seront inscrites.

Après l'expiration dudit délai de quinze jours, ces réquisitions ne seront plus admises.

En cas d'élections, soit générales, soit partielles, avant le 21 octobre 1831, les contributions foncière, personnelle, mobilière et des portes et fenêtres, ne seront comptées, soit pour être électeur, soit pour être éligible, que lorsque la propriété foncière aura été possédée, ou la location faite antérieurement à la promulgation de la présente loi.

Cette disposition n'est pas applicable aux possesseurs à titre successif.

La patente ou le diplôme universitaire ne seront comptés que lorsqu'ils auront été pris un an avant la promulgation de la présente loi. Cette disposition n'est pas applicable aux citoyens qui, ayant pris une patente avant le 1er août 1830, ont été inscrits en vertu de la loi du 12 septembre dernier, sur les listes supplémentaires formées depuis cette époque.

71. Le préfet, en conseil de préfecture, dressera d'office, ou d'après les réclamations des intéressés ou des tiers, une liste additionnelle contenant les noms des citoyens qui auront acquis le droit électoral.

Cette liste sera affichée vingt-cinq jours au plus tard après la promulgation de la présente loi.

72. Les décisions portant refus d'inscription seront signifiées aux parties par le préfet, dans les cinq jours, pour tout délai, après le jour où elles auront été rendues.

73. Les réclamations qui pourront être dirigées soit par des tiers contre les inscriptions, soit par les parties contre le refus d'inscription, seront formées, à peine de déchéance, le trente-cinquième jour au plus tard après la promulgation de la présente loi.

L'assignation sera donnée devant la cour, à huitaine pour tout délai, quelle que soit la distance des lieux,

Ce délai expiré, la cour prononcera, toutes affaires cessantes. Son arrêt, s'il est par défaut, ne sera pas susceptible d'opposition.

74. Il ne sera fait de changements à la liste additionnelle mentionnée dans l'article 71, qu'en exécution d'arrêts rendus par les cours royales.

75. Il ne sera fait de changements à la liste arrêtée le 16 octobre dernier, et affichée le 20 du même mois, que dans les cas prévus par l'art. 32 de la présente loi.

Il sera procédé à l'élection sur cette liste et sur la liste additionnelle prescrite par les articles précédents.

76. Tout électeur ayant son domicile dans un arrondissement qui, d'après la présente loi, se trouverait divisé en plusieurs arrondissements électoraux, pourra opter entre ces arrondissements, s'il paie des contributions dans l'un et dans l'autre. L'option devra être faite dans le délai de quinze jours, à dater de la promulgation de la présente loi, et dans la forme déterminée par l'article 10. A défaut d'option dans le délai ci-dessus fixé, l'électeur appartiendra à l'arrondissement électoral dans lequel sera compris le canton où il a maintenant son domicile politique. Si l'électeur ne paie de contributions que dans un

des deux arrondissements électoraux, il appartiendra à cet arrondissement, et ne pourra faire d'option.

L'électeur dont le domicile politique, au moment de la promulgation de la présente loi, serait différent de son domicile réel, aura le même délai de quinze jours pour faire son option. A défaut par lui de la faire dans ledit délai, il continuera d'appartenir à l'arrondissement électoral dans lequel il exerçait ses droits.

77. Les fonctionnaires désignés dans l'article 64, qui cesseront leurs fonctions par démission ou autrement dans le délai de quinze jours, à dater de la promulgation de la présente loi, seront éligibles dans les départements, arrondissements ou ressorts dans lesquels ils exercent leurs fonctions, pour les élections qui pourraient avoir lieu avant le 21 octobre 1831.

78. Si avant qu'il n'ait été procédé à des élections générales, il y a lieu de remplacer un député élu par un collége départemental, la Chambre des députés déterminera, par la voie du sort, le collége d'arrondissement qui devra procéder à l'élection.

S'il y a lieu de remplacer un député élu par le collége d'un arrondissement électoral dont la circonscription aurait été modifiée par la présente loi, la Chambre des députés déterminera de la même manière celui des arrondissements compris dans l'ancien ressort qui devra procéder au remplacement.

79. Dans le cas où les élections, soit générales, soit partielles, auraient lieu avant le 21 octobre de la présente année, les listes électorales seront

dressées d'après les rôles des contributions directes pour l'année 1830, et nulles contributions autres que celles de ladite année ne seront comptées pour le cens électoral.

(Suit le tableau de la circonscription des arrondissements électoraux et du nombre de députés par département.)

TARIF

DE L'IMPOT DES PORTES ET FENÊTRES.

Loi du 21 avril 1832.

Première partie.

Maisons de une à cinq ouvertures inclusivement.

Villes et communes au-dessous de 5,000 *âmes.*

1	ouverture	» f.	30 c.
2	id.	»	45
3	id.	»	90
4	id.	1	60
5	id.	2	50

De 5,000 *à* 10,000 *âmes.*

1	ouverture	» f.	40 c.
2	id.	»	60
3	id.	1	35
4	id.	2	20
5	id.	3	25

De 10,000 *à* 25,000 *âmes.*

1	ouverture	» f.	50 c.
2	id.	»	80
3	id.	1	80
4	id.	2	80
5	id.	4	00

De 25,000 *à* 50,000 *âmes.*

1	ouverture	» f. 60 c.
2	id.	1 00
3	id.	2 70
4	id.	4 00
5	id.	5 50

De 50,000 *à* 100,000 *âmes.*

1	ouverture	» f. 80 c.
2	id.	1 20
3	id.	3 60
4	id.	5 20
5	id.	7 00

Au-dessus de 100,000 *âmes.*

1	ouverture	1 f. 00 c.
2	id.	1 50
3	id.	4 50
4	id.	6 50
5	id.	8 50

Les portes charretières des maisons de moins de six ouvertures seulement, situées dans les villes de 5,000 âmes et au-dessus, et employées à usage de magasin, seront taxées comme les portes charretières des magasins établis dans les maisons à six ouvertures. (*L.* 20 *juillet* 1837.)

Deuxième partie.

Maisons à six ouvertures et au-dessus.

1° *Portes cochères, charretières et de magasin.*

Au-dessous de 5,000 âmes	1 f. 60 c.
de 5 à 10,000 id.	3 50
de 10 à 25,000 id.	7 40

de 25 à 50,000 âmes	11 f.	20 c.
de 50 à 100,000 id.	15	00
au-dessus de 100,000 id.	18	80

2° *Portes ordinaires, fenêtres de rez-de-chaussée, de l'entresol, des 1er et 2e étages.*

Au-dessous de 5,000 âmes	» f.	60 c.
de 5 à 10,000 id.	»	75
de 10 à 25,000 id.	»	90
de 25 à 50,000 id.	1	20
de 50 à 100,000 id.	1	50
au-dessus de 100,000 id.	1	80

3° *Fenêtres du 3e étage et au-dessus.*

Au-dessous de 5,000 âmes	» f.	60 c.
Au-dessus	»	75

Le chiffre de la population s'estime dans les limites de l'octroi. (*L. 21 avril 1832, art. 24.*)

FORMULAIRE.

N° 1.

Acte de délégation par une mère ou belle-mère veuve à son fils ou gendre.

Je soussigné demeurant à .

Déclare par ces présentes, faisant usage des dispositions de l'art. 8 de la loi du 19 avril 1831, déléguer à M. mon fils (ou mon gendre) tout l'effet des contributions directes de toute nature que je paie;

Voulant que ces contributions soient comptées à M. pour lui fournir ou compléter le cens électoral, en lui donnant tous pouvoirs à l'effet de faire valoir la présente délégation partout où besoin sera.

Fait à le 18 .

Faire légaliser la signature par le maire; celle du maire par le sous-préfet.

Faire légaliser la signature du sous-préfet par le préfet, si la procuration doit être produite hors de la circonscription du département.

N° 2.

Procuration à l'effet de faire au greffe la déclaration de translation de domicile politique.

Je soussigné (*nom, prénom, qualité, domicile*) donne pouvoir à M. de se présenter pour moi au greffe du tribunal civil de département de à l'effet d'y faire, conformément à l'art. 10 de la loi du 19 avril 1831, la déclaration de ma volonté de transférer mon domicile politique de l'arrondissement électoral de dans l'arrondissement électoral de

Fait à le .

(Signature.)

(*Même observation que pour la formule* n° 1, *quant à la légalisation.*)

N° 3.

Demande à fin d'inscription, par un électeur omis ou retranché des listes.

A Monsieur le Préfet de séant en conseil de préfecture.

Le S[r] demeurant à a l'honneur de vous exposer

Que son nom a été omis (ou retranché) à tort des listes électorales de l'arrondissement de

Qu'en effet le montant des contributions directes à sa charge, s'élève à la somme totale de composée de 1° (énoncer les contributions.)

En conséquence, l'exposant requiert qu'il vous

plaise ordonner la réintégration de son nom sur les listes électorales de l'arrondissement de

A l'appui de sa demande l'exposant produit :

1° Le bulletin des contributions à lui délivré pour l'année courante ;

2° (Énoncer les autres pièces.)

Fait à le

(*Même observation que pour la formule* n° 1.)

N° 4.

Demande à fin d'expertise d'immeuble temporairement exempté de l'impôt.

A Monsieur le Préfet de

Le S[r] demeurant à

a l'honneur de vous exposer

Qu'il est propriétaire d'une maison temporairement exemptée de l'impôt, aux termes de l'art. 88 de la loi du 3 frimaire an VII ;

Qu'il lui importe d'en faire expertiser la valeur afin de profiter du bénéfice de l'art. 4, § 2 de la loi du 19 avril 1831.

En conséquence, l'exposant requiert qu'il vous plaise, Monsieur le Préfet,

Ordonner, aux fins ci-dessus, l'évaluation de l'impôt dont l'immeuble dont il s'agit devrait être grevé aux termes de la loi,

Et vous ferez justice.

Fait à le

(*Même observation que sous la formule* n° 1.) — *Déposer cette pièce à la préfecture et retirer récépissé.*

N° 5.

Requête par un tiers à fin de radiation du nom d'un contribuable inscrit sur les listes.

A Monsieur le Préfet de en son conseil de préfecture.

Le S^{r} demeurant à électeur inscrit sur la liste électorale de l'arrondissement de a l'honneur de vous exposer

Que le nom du S^{r} est inscrit à tort sur la liste électorale de l'arrondissement de

Qu'en effet (exposer brièvement le motif.)

En conséquence, l'exposant requiert qu'il vous plaise, Monsieur le Préfet,

Arrêter que le nom dudit S^{r} sera rayé de la liste électorale de l'arrondissement de dans les formes indiquées par la loi.

Et vous ferez justice.

Fait le

(*Même observation que sous le* n° 1.) — *Déposer à la préfecture, avec l'exploit de notification et retirer un récépissé.*

N° 6.

Notification d'une requête à fin de radiation du nom d'un électeur.

L'an 184 le

A la requête du S^{r} électeur inscrit sur la liste électorale de demeurant à pour lequel domicile est élu.

J'ai

soussigné notifié et, en tête de celle des présentes, laissé copie au S[r] demeurant à d'une requête adressée par le requérant à M. le Préfet de tendant à la radiation du nom dudit S[r] de la liste électorale de

La présente notification faite conformément à l'art. 26 de la loi du 19 avril 1831.

Afin qu'il n'en ignore.

FIN.

TABLE DES MATIÈRES.

TITRE III.

FIN DE LA TABLE.

A PROPOS DU TRANSCONTINEN

Où donc
est mon déli

« Qu'on me donne l'a
« excellente et pure, le
« fournir vraysemblemen
« vicieuses intentions. »
MONTAIGNE. (Liv.

PAR A. CRAMPON

ANCIEN CORRESPONDANT FINANCIER DE JOURN

PRIX : 50 CENTIMES

PARIS
IMPRIMERIE Ve ÉTHIOU-PÉ
RUE DAMIETTE, 2 ET 4

1873

www.ingramcontent.com/pod-product-compliance
Ingram Content Group UK Ltd.
Pitfield, Milton Keynes, MK11 3LW, UK
UKHW012042240726
13965UKWH00003B/982

9 782013 457019